本书获华中师大科研项目“以教师信念为核心的高校英语教师教学认知发展机制研究”、“高校英语教师教育信念及其影响因素研究”及“多元文化理念下的外语教师可持续性发展机制研究”资助。

高校社科文库
University Social Science Series
教育部高等学校
社会科学发展研究中心

汇集高校哲学社会科学优秀原创学术成果
搭建高校哲学社会科学学术著作出版平台
探索高校哲学社会科学专著出版的新模式
扩大高校哲学社会科学科研成果的影响力

徐　泉/著

英语教师的教学信念：构成与特征

English Teachers' Teaching Beliefs: Components and Features

光明日报出版社

图书在版编目（CIP）数据

英语教师的教学信念：构成与特征 / 徐泉著．-- 北京：光明日报出版社，2012.12（2024.6 重印）
（高校社科文库）
ISBN 978-7-5112-3705-7

Ⅰ.①英… Ⅱ.①徐… Ⅲ.①英语—教学研究 Ⅳ.①H319.3

中国版本图书馆 CIP 数据核字（2012）第 294895 号

英语教师的教学信念：构成与特征

YINGYU JIAOSHI DE JIAOXUE XINNIAN：GOUCHENG YU TEZHENG

著　　者：徐　泉

责任编辑：赵　锐　　责任校对：傅泉泽

封面设计：小宝工作室　　责任印制：曹　净

出版发行：光明日报出版社

地　　址：北京市西城区永安路 106 号，100050

电　　话：010-63169890（咨询），010-63131930（邮购）

传　　真：010-63131930

网　　址：http://book.gmw.cn

E - mail：gmrbcbs@gmw.cn

法律顾问：北京市兰台律师事务所龚柳方律师

印　　刷：三河市华东印刷有限公司

装　　订：三河市华东印刷有限公司

本书如有破损、缺页、装订错误，请与本社联系调换，电话：010-63131930

开　　本：165mm×230mm

字　　数：200 千字　　印　　张：13.5

版　　次：2012 年 12 月第 1 版　　印　　次：2024 年 6 月第 3 次印刷

书　　号：ISBN 978-7-5112-3705-7-01

定　　价：65.00 元

前 言

《国家中长期教育改革和发展规划纲要》（2010～2020）将提高高等教育质量和人才培养质量作为高等教育中长期发展的主要目标。“两个提高”的实现离不开高校教师自身业务能力的提高与发展。近年来，随着外语教学研究和教师发展研究的深入，外语教师的认知发展研究逐渐成为外语教师发展和学习、乃至整个外语教学研究领域的热点。在教师的认知发展中，信念的发展居于核心位置。本书试图通过探究英语教师教学信念系统的核心构成与特点，为英语教师的发展提供理论和实践指导。

全书共分八章。第一章介绍研究的背景、目标、问题和方法。基于背景，本书提出外语教师的发展关键在于其教学认知的发展，而教学认知发展的核心是教学信念的发展。全书在构建英语教师认知与实践关系概念框架的基础上，重点围绕三个问题展开：第一，英语教师群体的信念系统由哪些核心维度构成？第二，这些核心维度包含哪些子维度？第三，英语教师信念系统的各核心维度有哪些特征？研究采用定量与定性相结合，以定量为主的方法。理论部分主要通过文献梳理和逻辑分析的方法建构，数据通过问卷调查和深度访谈收集。定量数据的分析方法包括简单描述统计分析、因子分析和单因素方差分析，定性数据使用了文本分析法。第二章探讨英语教师从其信念到行为的发生过程与机制。本章辨析了信念、信念系统、教师信念、教育信念和教学信念的定义、特点及相互关系，提出了信念影响因素、教师信念、教学决策、教学行为、结果反馈之间的线性及循环关系。第三章建构英语教师教学信念的核心维度。本章以教学活动为视角，提出了由英语（外语）语言观、英语教学观、英语学习观、师生角色观和英语教学专业观五个核心维度构成的教师的教学信念系统。第四章综合提出了揭示英语教师发展机制的教学认知与行为循环发展的概念框架，并以社会认知理论和社会建构主义理论对该框架进行了解释。第五章具体介绍研究设计，包括研究目标、问题、对象、方法和思路。本章详细解释了英语教师信念研究工具（问卷和访谈）的设计。第六章报告和分析定量与定性调查结果。分析表明研究工具（问卷）的信度和效度良好。在教师信念的五个核心维度中，教学观包含交际—功能、语法—规则和听说—技能三个子维度，学习观包含学习本质、难易、策略和重点四个子维度，师生角色观包含师生角色、责任和地位三个子维度，语言观和英语教学专业观各自整体作为一个维度。第七章对调查分析结果进行讨论，并探讨它们对英语教师发展的启示。教师信念系统中的语言观、教学观、学习观、师生角色观和专业观五个核心维度各自具有不同的特点，这些特点反映了当前国内高校英语教师群体信念的特征。这些特征能够为教师的自主发展提供方向性和切入点等方面的启示。第八章总结全书，综合回答本书所研究的三个问题，总结研究局限，并展望本领域的相关研究题目。

本书的理论素材来源于国内外教师教育和外语教学类学术期刊和专著，数据来源于本书作者的调查研究。

本书的选题、研究思路和写作诸方面均得到了华中师范大学张维友教授的悉心指导，在数据收集方面得到多所高校外语学院接受调查教师的支持，在此一并表示衷心的感谢。

本书的读者对象主要为外语和教育学专业的研究生、外语教学和教师教育研究学者和英语教师。

由于作者水平有限，一定有疏漏和不妥之处，敬请广大读者和专家提出宝贵意见。

作者

2012 年 4 月

CONTENTS 目录

第一章

绪 论

1.1 研究的背景

教师信念的研究对于教师教育的理论发展和提高高校教育质量的实践活动都非常重要。从理论研究角度看，教师信念及其影响因素是属于教师认知的一部分。因此，只有将其置于教师认知研究的背景框架之中考察，才能了解教师信念及其影响因素研究的历时发展，才能说明英语教师信念及其影响因素在教师认知与行为的理论与实践中所处的核心位置。

教师认知研究，始于二十世纪六七十年代，历经了四个阶段：第一阶段为六十年代末至七十年代，该阶段是教师认知研究的发起阶段，其主要特点是“教学研究中的视角转向”；第二阶段为八十年代，其主要研究内容是“教师决策和教师知识”；第三阶段为九十年代，其主要研究内容是“教师知识、教师信念、学习教学”（Borg 2006：5～23）；第四阶段为二十一世纪以来。本文作者认为，这一阶段的主要特点是关于信念等教师认知方面的研究，从关注教师个体扩展为关注在一定的社区、机构、国家等环境下教师群体的信念及其发展的共性特征。

主导六七十年代课堂教学研究的是“过程—产品”的路子。这种研究模式的方法是描述、分析课堂中可观察到的教师和学生的行为，并且将它们和学生所取得的进步联系起来。研究的目标是辨识、挑选出那些有效的、能促进学生学业进步的教师行为。与这种主流的“过程—产品”式研究路子不同的方法在六十年代末悄然出现，这种方法通过整体的、定性的方式来考察个体教师的教学和认知。新思路的出现有三个方面的原因（Calderhead 1996；Carter 1990）。其一，认知心理学的发展使人们认识到思维对行为的影响。这就意味着如果需要了解教师，不仅仅需要观察他们可见的行为，还必需理解他们的心理世界。其二，研究者们越来越意识到，教师在教育教学过程中所充当的角色比原来认识到的更积极、更重要。因此，考察教师所作的决策以及决策背后的认知基础逐渐成为教学研究的中心。其三，作为过程—产品研究路子的基本模式，通过对教师各项具体教学行为的定量研究来试图找到普遍适用的有效教学模式，没有成功达到预期的目标，其局限性逐渐显露出来。于是 Smith 和 Geoffrey（1968），Kounin（1970），Shulman 和 Elstein（1975），Clark 和 Yinger（1977）等学者开始以教师为中心，从教师认知这种新视角探讨教学问题。

八十年代教师认知研究的主要内容集中在教师决策和教师知识两个方面。Shavelson 和 Stern（1981）在强调进行教师认知研究必要性的基础上，探讨了教师判断、决策和行为之间的关系，提出了教师互动决策的模式。在引入教师认知因素以后，教学不再被认为是过程—产品的线性关系，而是诸多因素间的循环关系（见图 2－5）。教师判断、决策和行为所包含的各因素相互影响、相互关联。在这种循环之中，教师认知中的“互动决策”相关因素在整个框架之中处于关键位置。为了体现教师决策的重要性，Shavelson 和 Stern 用图 1－1 详细说明了课堂教学中教师决策的具体过程。

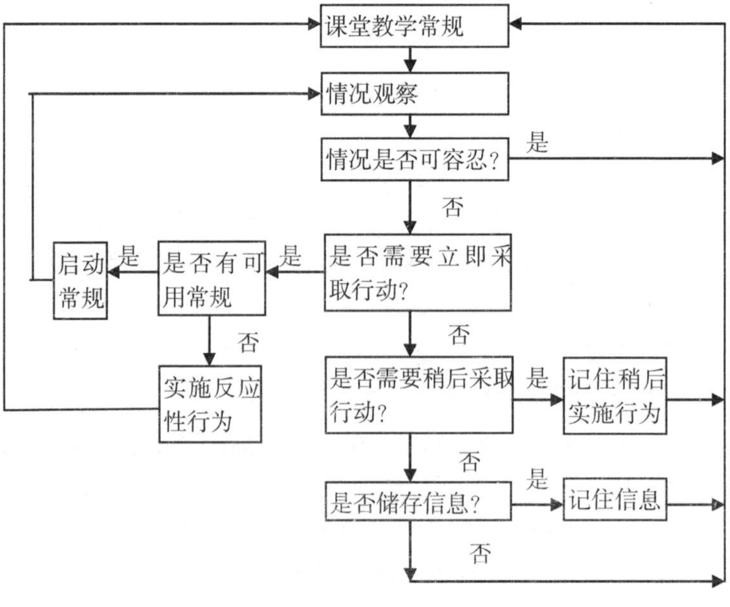

图 1－1　课堂教学教师的互动决策模式

注：图 1－1 根据 Shavelson and Stern 1981：483 编译

以教师决策为中心的研究相对于过程—产品式的研究跨越了一大步，但它也有其不足。这种不足主要体现在两个方面。其一，教师决策研究未能从整体的视野考察教学过程和教师认知（Mitchell &. Marland 1989）。到八十年代中期，人们认识到“学校和课堂是汇集社会、心理、物理、政治、哲学等各方面思想及行为实践的场所，它蕴含着整个世界并受世界的影响”（Clark &. Peterson 1986：12）。其二，以教师决策为中心的研究“没有充分认识到教师信念等关于教师理解的各方面的重要性”（Munby 1982：201）。Clark 和 Peterson（1986）将八十年代中期以前的教师信念研究分为两类，一类是教师关于学生的信念，另一类是教师关于教、学的内隐理论。虽然关于教师信念的研究在当时是“最年轻，刚起步”（Clark & Peterson 1986：285）的领域，但是它们已经为该领域指明了奋斗的目标，那就是“将个体教师们赖以感知和加工信息的参考框架明确化，可见化”（idid. p. 286）。Clandinin 和 Connelly（1987）关于教师个人理论和信念研究的综述表明，虽然教师信念研究在当时整个教师认知研究中是最不发达一个方面，但是，教师信念的概念表述却纷繁多样、交错重叠。在八十年代末期，在教师认知研究中，教师知识这一术语大有超过和取代教师思维的趋势（Borg 2006：20）。

九十年代教师认知研究的主要问题包括教师知识、教师信念和学习教学三个方面。Carter（1990）将研究内容归纳为三个方面：1）教师的信息加工过程；2）教师的实践知识（包括教师的个人知识和课堂知识）；3）教学法内容知识。在这一分类中，教师的信念和内隐知识被置于教师的个人知识范畴之内，都属于教师的实践知识。Pajares（1992）在综述的基础上指出，尽管教学研究者们认识到了信念对教师的感知、判断和课堂行为的巨大影响，但关于教师信念的研究却受到这个概念本身的妨碍，因为它缺少一个清楚、明晰的定义。同时，他认为除了讨论一般意义上的教育信念外，更应该讨论具体的教育信念。Fang（1996）在总结教师信念和教学实践关系方面研究时指出，教师信念是教学研究中“缺失的范式”（Fang 1996：50；Shulman 1986）。Fang 同时指出现有的教师研究主要聚焦在中、小学教师层次，较少有研究涉及高等教育层次中的教师信念问题。九十年代从教师信念的角度研究教师学习教学的主要研究有：Kagan（1992），Richardson（1996，1997）和 Calderhead（1996）。Kagan 主要从教育应用的角度探讨已有的教师信念研究对教师教育的启示。Richardson 主要从教师教育的角度总结和探讨态度（attitude）和信念在学习教学过程中所起的作用。Calderhead 主要从教育心理学的角度研究教师信念，他将教师的教育信念作了进一步划分，共分为 5 类：（1）关于学习者和学习的信念；（2）关于教学的信念；（3）关于课程科目的的信念；（4）关于学习教学的信念；（5）关于自身和教学角色的信念。他发现影响教师信念的因素除了其过去和正在经历的学习和教学经历外，还包括与教学无关的经历（Calderhead 1996：721）。

进入二十一世纪以来，关于教师信念等认知发展的研究迈向深入。一方面，研究者们开始反思并试图解决那些悬而未决的问题，如信念的定义、知识的分类、不同类型知识间的联系等；另一方面，关于教师信念的研究走向进一步的深入。笔者认为，这种更深入的特点可以概括为三点：（1）教师信念的次级概念（如阅读教学的信念）研究的专题化；（2）追求对教师信念研究的系统性和规律性；（3）关注教师信念研究的实用性。Verloop 等人（2001）指出，在教师认知领域内，与丰硕的个人认知知识的研究成果相比，对教师群体的共性认知知识还没有受到多少关注。Shulman 和 Shulman 在回顾自己的研究时说，关于教师学习的研究，我们已经从关注个体教师和他们的学习转变成为在广阔的社区、机构、国家组织和专业的背景下考察他们的学习和发展信念（2004：267）。Shulman 研究视角的这种转变体现了教师信念研究的新动向，即将焦点从描述、探究独具特点的教师个体的信念特征转移到描述、归纳、总结教师信念的群体性共同特征，同时将教师信念的研究背景从课堂拓展到课堂之外的广阔社会。这种系统性的研究视角要求在后续的研究中除了采用访谈、教师日志、个人自传等定性方法外，还应该采用问卷等便于大范围考察系统性特征的定量方法。

从教师教育实践工作角度看，教师信念的发展属于教师专业化发展范畴。国内教师专业化发展还处于起步阶段，在社会呼吁提高高校教学质量的背景之下，高校教师的专业化发展应该受到应有的重视，本着提高英语教学的质量和效率的目的，英语教师的专业化发展也应该受到高度的重视。

英语教师的专业发展从其名称来看经历了三个阶段：教师培训、教师教育、教师发展。每个阶段分别对应着不同的主要发展模式。教师培训对应着“学徒型”模式，教师教育对应着“应用科学型”模式，教师发展对应着“反思型”模式。Wallace（1991：6 ~ 14）概括了这三种模式的运作程式和特点。在此，笔者在其基础上做一简述。

学徒型模式从古一直沿用至二十世纪中期。在该模式中，教师被看作工匠，教学技能被看作是一种工匠技能。教师的教学技能来源于有经验的教师，新教师通过模仿熟练教师的教学技巧、聆听他们的教导学习教学，并将学到的技巧应用于教学实践，形成自己的教学能力。教师通过这种代代相传的方式学会具体教学技巧。学徒型的外语教师培养模式能够帮助新教师学会一些具体的教学技巧，但是它总体上是一种静态学习的方式，忽略了社会发展的需要，难以吸收语言学、教育学、心理学、外语教学等学科发展的最新成果。

应用科学型模式基于十九和二十世纪的科学发展成果。在该模式中，教师的教学方法来源于研究者通过实证研究所取得的成果，即科学知识。在教师教育过程中，相关学科知识的专家将科学知识教授给职前或在职教师，教师将其应用于教学实践，从而形成自己的教学能力。语言学、教育学、心理学、外语教学等学科的新发现可以通过知识传授的方式传递给教师，从而促使外语教师教学方法的更新与发展。应用科学型教师教育模式有利于将相关学科的最新发展传递给教师，从而使教学理念和方法得到不断更新。但是，学科知识的研究者并不一定是工作在教学一线的教师，其科学研究并不一定根植于实际的教学情况。因而很多一线教师反映，通过应用科学型模式培养教师并不能取得所预期的效果。

应用科学型模式在教师培养实践中的结果不尽如人意，因而促成了反思型模式在二十世纪晚期的兴起。该模式认为教学需要两类知识，一类是基于研究的理论性科学知识，另一类是来源是教学实践的经验性知识。教师将这两类知识应用于教学实践，并在实践中进行反思，从而形成自己的教学能力。教师的教学实践与反思循环进行，推进其教学能力的发展。通过反思型模式进行的教师教育称为教师发展。

值得注意的是，除了教师培训、教师教育和教师发展这三个概念以外，在二十世纪八九十年代，随着学习理论和认知科学的发展，“教师学习”这个新概念在文献中频繁出现。在学习理论方面，建构主义理论得到越来越多的重视和认同。学习不再被看作是一种知识接受的过程，而是由学习者主动建构的过程。因而，教师的学习可以看作是一种基于自身已有经验而进行的知识和意义的主动性建构活动。教师已有的经验既有可能促进教师的学习，也有可能阻碍教师的学习（王丽华 2007）。教师的学习活动受自身已有信念的影响，学习的结果又会推动自身信念的发展变化。在认知科学方面，研究者认识到人类对世界的认知具有三个特点：情景性（situated）、社会性（social）、个体和相关工具间的分布性（distributed）（Putnam &. Borko 2000）。情境性指在人们的认知活动中，活动发生的情景构成活动的一部分。人们通过活动所获得的认知知识和技能包含情景部分，因此它们并不是普遍适用的知识和技能，而是具有特定的情景性。社会性指个人在其所处的环境中与他人的互动决定着他们能够认知到的内容以及认知的方式，即认知的结果和方式都是社会性的。个体和相关工具间的分布性指认知并不仅仅是个体的特性，而是分布在认知个体、他人和认知活动所涉及的物理的和符号的工具之中，一项活动的成功完成需要活动主体对情景中他人和相关工具的了解以及他们之间的协同运作。在此基础上，Putnam 和 Borko（2000）指出吸取最新学习理论，考察和检验学习环境对教师认知发展的促进作用，正在成为教师认知研究和教师教育实践工作的一个前沿课题。

基于新兴的认知理论，Borko（2004）提出教师学习研究可以以三种方式进行：第一，以教师个体为单位，主要考察个体的学习活动及相应的认知发展；第二，以教师群体为单位，主要考察教师实践共同体及相关学习活动的特点；第三，以教师个体和群体相结合，主要考察个体与环境的互动对教师学习的影响。刘学惠和申继亮（2006）提出教师学习研究可以分为三个维度：第一，教师学习的结果；第二，教师学习的外部条件；第三，教师学习的内在过程。

从以上关于教师信念的理论研究和实践发展的简述可知，关于教师信念的现有研究有如下问题未能探明和解释：

第一，高校英语教师的信念究竟包括什么？如果将高校英语教师的信念看作是一个系统，那么构成这个系统的主要维度有哪些？虽然 Pajares（1992）指出了这个问题，Calderhead（1996）和其他一些研究者提出过一些思辨性的想法，但是，该问题至今仍然缺少系统系的研究，尤其是以国内教师为对象的教师信念系统构成研究。第二，影响高校英语教师信念的主要因素有哪些？虽然有些思辨性研究提出某些因素可能会影响教师的信念，但是这些研究未能以定量的方法证实这种影响关系，同时也未能具体证实和说明具体何种因素能够影响教师的何种信念。第三，教师信念影响因素如何相互影响，共同促进教师信念的发生和发展？第四，以教学信念为核心的教师认知系统与其教学行为之间存在怎样的关系，这种关系之中的各构成要素之间构成何种关系？

综合考虑教师信念研究发展的现状、方式和维度，本研究采取教师个体和群体相结合，以群体研究为主的方式考察教师学习的内在过程。具体来说，就是考察国内高校英语教师学习中内在信念的发展以及促成这些发展的因素。

1.2 研究的目标

首先，通过构建高校英语教师信念系统的核心维度进一步推进国内教师教育的理论发展。外语教学研究的热点从六七十年代前对教学方法的孜孜以求，后来转换为对学习者学习过程的探索，现在已经转移到了对教师发展的研究方面。根据上一节对教师认知研究历时发展的概述可知，教师发展的核心是教师认知的发展。在教师认知之中，教师的信念对他们的认知发展起着过滤和塑造作用，因此，从内部看，有必要建立起以教师信念为中心的教师认知发展模式，并且探讨该模式构成元素之间的相互关系。作为基础，本书尝试在文献分析的基础上初步建构高校英语教师认知与实践的关系框架，提出以语言观、教学观、学习观、师生角色观和英语教学专业观五个核心维度构成的高校英语教师的教育信念系统，并通过调查描述高校英语教师群体教育信念系统的特征。

其次，通过对高校英语教师信念系统的建构和描述，为国内高校外语教师的自主学习实践提供启示。高校教师不仅是知识的传播者，还是知识的创造者，这就决定着他们需要扮演教授和研究的双重角色。实际情况是，很多高校英语教师在职前并没有接受过教师教育和外语（英语）教学方面的训练，高校教师教育工作有必要帮助这部分新教师熟悉业务，早日成为优秀的教师。同时，对于在职教师来说，也面临着一个终身性的提高教学质量和教学效率的问题。为此，有必要就高校教师如何在实践中学习教学，发展完善自己的问题进行探究。

高校新教师在学习教学的过程中是一个普通的学习者，因此，他们学习教学的过程也应该符合学习的规律。建构主义理论认为“学习者是在自己已经掌握的知识和所持有的信念的基础上去建构新知识”（Putnam & Borko 1997：1225）。作为学习者的教师，也应该被看作是在自己已有的知识及信念系统的基础上建构新知识和新见解的主动学习者。这就需要从两方面进行探索：一是探明新教师的现有知识和信念结构状况，二是探明有经验的优秀教师的知识和信念结构情况。要探明这两方面的情况，毋庸置疑，就需要对教师的知识及信念，特别是对作为知识的过滤器的信念，进行描述和总结。因为只有这样，才能找到用于教师发展的最有效的途径和方法。在教师发展过程中，“如果想要根本性地提高高校教学质量，不改变教师们的教学信念是难以做到的”（McAlpine & Weston 2000：377）。同时，由于高校教师还是知识的创造者，所以他们的信念不仅影响着他们的教学质量，还会影响他们所创造出来的知识的科学性。因此，对教师信念及其影响因素的研究是教师发展研究中的重中之重。本研究的发现能够为高校英语教师发展的重点和切入点提供启示。

1.3 研究的问题及方法

本书的研究围绕以下三个问题展开：

（1）高校英语教师群体的信念系统由哪些核心维度构成？

（2）这些核心维度包含哪些子维度？

（3）高校英语教师信念系统各核心维度有哪些特征？

除了通过文献分析提出理论主张以外，本研究采用问卷调查和访谈的方法收集数据，其中以问卷调查为主，访谈为辅。首先，在教师认知和信念研究相关文献的综合、分析和推导的基础上，研究者建构出高校英语教师信念系统的理论框架，以回答本研究中的第一个问题。然后，以文献为基础，设计并实施问卷调查，根据问卷调查结果设计并实施访谈调查，通过对问卷调查和访谈数据的分析，回答第二和第三个问题。最后，根据问卷和访谈调查结果的发现，讨论教师信念的特征对高校英语教师发展的启示。

1.4 本书结构

全书共包含八章。第一章介绍本研究的背景、意义、目标和拟解决的问题。第二章探讨高校英语教师从其教学信念至其教学行为过程的发生，初步建构教师认知与实践的关系框架。第三章建构高校英语教师教学信念的核心构成维度及其外延与内涵。第四章阐述本研究的理论基础和概念框架。第五章介绍研究设计。第六章呈现调查结果并进行分析。第七章对调查结果进行讨论。第八章总结全文。

第二章

英语教师行为的发生：从信念到行为

2.1 概述

本章的主要目标是在对相关文献进行综述和分析的基础上，从教师认知和课堂教学的角度探讨英语教师课堂教学行为的发生机制。

本章第二节从讨论最基本的概念“信念”的定义开始，然后确定“教师信念”的定义。本书中的教师信念仅指教师与其专业知识和技能教学相关的信念，不涉及思想道德等其他方面的信念。除了在总结和评述文献的基础上定义信念和教师信念以外，还讨论了与它们密切相关的两个概念“信念系统”和“教育信念”。回顾和讨论与这四个概念相关的研究，以及辨析它们之间的联系和区别的目的在于确立本研究的焦点“教师信念”的内涵与外延。

第三节讨论教师信念与其教学行为之间的关系，其目标是探讨英语教师课堂行为的发生机制。因为教学信念和行为之间有教学决策充当中间环节，所以本节首先讨论信念与决策之间的关系，然后重点讨论信念与行为之间的关系。关于教学信念与教学行为的关系，主要关注两个问题：其一，教师的信念与其教学行为是否一致；其二，教师的信念如何影响其教学行为。

本章的最后一节是小结，该节的内容是对本章的主要讨论和发现进行概括。

2.2 信念与教师信念

2.2.1 信念与信念系统

2.2.1.1 信念的定义

“信念”是一个很笼统的概念，因而它不易通过实证研究的方式进行考察。很多人甚至将它看作一个永远解析不清的谜，认为不可能对它进行清楚的界定。因为这个原因，信念通常被人们看作是一个哲学或宗教概念。但是 Pajares（1992：308）认为，正如医学、法学、社会学、商学等领域内的研究一样，信念也应该成为某个具体学科领域内一个可研究的课题。事实上，一些研究者已经先行抛开了信念这个笼统的概念，直接对具体学科内具体问题的信念展开了研究，例如心理学中关于自我效能感（self – efficacy）的研究就涉及了自我概念（self – concept）的信念。在教育学之中，对于某个主题或问题的具体信念，例如，关于阅读、数学、科学等教学信念的考察，对于研究者理解学习者的复杂学习过程起着关键作用。

在教育心理学领域，现有的研究对信念缺少统一的定义。研究者通常根据其研究的目的对信念下一个临时的工作定义。不仅如此，“信念”也不是唯一统一通用的概念，信念所指的内容在不同的研究中，被研究者以不同的名词术语所指称。Calderhead（1996）、Pajares（1992）和 Tompson（1992）列举了一些文献中出现过的术语，共计有二十多个。为了便于分析，笔者按照这些名词的字面意义，将它们粗略地分为七类：

与知识相联系的：知识、个人知识、实用知识；

与观点相联系的：观点、观念、概念、意见、意义、意识形态；

与意见倾向相联系的：取向、偏好、先入之见、个人理论；

与构想相联系的：构想、意象；

与判断相联系的：态度、价值、判断、命题；

与规则相联系的：实践原则、法则；

与性情相关的：性情。

从以上分类可以看出，与信念相关的有知识、观点、意见倾向、构想、判断、规则、性情。它们有共同的成分，例如，都表示信念持有人的一种思想；同时，它们也各有侧重和不同的表现形式。这些不同的名词使得信念这个概念的含义含糊不清，也造成人们对信念含义的理解模糊不清，各自不同，甚至各取所需。

以下列举一些文献中引用较多的定义。Rokeach 是较早研究信念的学者之一，他从社会学的角度将信念定义为“任何能从其言行推断出来的、能冠以‘我相信……’开头的简单命题。这一命题，可能为其持有者意识到，也可能没有意识到”（Rokeach 1968：113）。Rockeach（1968）认为信念可以分为描述性、评价性和规定性三类，认为无论信念是何种类型的，它们几乎都具备三个组成成分：（1）表征知识的认知成分；（2）能够激发情感的情感成分；（3）当需要行动时能激活的行为成分。这种分类和描述表明，Rokeach 认为知识是信念的一个构成成份，它融评价、比较和判断功能于一体。

Abelson（1979）从认知科学的角度将信念定义为人们为了某一特定的目的或在一个必须的环境中对知识的控制和使用。Brown 和 Cooney（1982）将信念解释为管理和控制行为的决定因素。Sigel（1985：351）将信念定义为“一种浓缩和整合在图式结构或概念之中的由经验形成的心智结构，这种心智结构被其持有人认定为真，并且用于指导行为”。Eisenhart（1988：54）等将信念定义为“应用于活动之中的一贯态度”。Harvey（1986）将信念定义为有足够正确性、真实性或可信性的现实在个人思想中的表征，这种表征被其持有人用以指导其思维和行为。Nesper（1987）认为信念系统包括情感和评价、个人经验的记忆、关于现实世界和另一世界的假设。它一般不公开给外界进行评论和考核。Pajares（1992：314）认为信念与知识难以区分，人们只是人为地将它们区分开来。他将信念界定为“个人对一个命题真伪的判断，一种只能从对人类的言语、意图和行动的综合理解中推断出来的判断”。他认为每个人所持的信念是无可辩驳的个人真理，它源于个人经验或幻象，有着很强的情感与评价性元素。Richardson（1996 ）将信念定义为“心理所持有的关于世界的、感觉为真的理解、假设或命题”。Pehkonen（1998）认为信念有不同的深度和自觉性：深层信念与表层信念的并存，自觉的信念与不自觉的信念并存；同时，个人的信念会根据新经验及与他人信念的比较等途径，不断的修改和发展变化。《中国大百科全书（心理学）》（1991：462）将信念定义为“人们对待某人、某事或某种思想的态度倾向。它对客观现实的反映可能是正确的，也可能是错误的。”《大英百科全书》（www. britannica. com 2010）将信念定义为对于一个命题接受或认同的思想态度。该命题未必是已经证实为真的。

虽然难以做出一个学者们公认的信念定义，但是从文献中已有的定义来看，人们对信念的定义和解释主要从三个角度进行：哲学、（教育）心理学和社会学。从哲学角度看，信念是意识，而非物质。它是对事物的感觉或推论，是对事物价值的判断。信念的内容有真假之分，它被视为半逻辑或准逻辑（quasi－logical）的思维方式。信念的前提是对世界的真命题（Richardson 1996）。它与知识密切相关（Southerland 等 2001）。从（教育）心理学角度看，信念是人们经验的心智结构，是用来解释外在的现象并采取行动的心理表征系统（王恭志 2000）。从社会学角度看，信念来自个人所处的社会文化中，受社会文化因素的塑造而不断演变（Sigel 1992）。文化是由政治、经济、法律、习俗等诸多因素共同形成的复杂系统，是长期积累而成、并且不断变化的。随着社会文化的发展变化，人们的信念也必然不断发生改变。

根据以上所列不同研究者对信念所做的定义和评述，结合本文对表示信念的不同名词术语所作的分类，笔者认为信念有如下特征：

（1）信念是一种命题。它蕴含着其持有者对世界的认识和看法。

（2）信念具有个人特质性。它具有鲜明的个人特征，来源于个人的经验和体验，是个体对世界的看法。

（3）信念具有个人主观性。它是个人的真理，是高度主观的。它可能与客观真理一致，也可能是对客观真理的部分理解，还可能是对客观真理的扭曲。信念带有个人的情感元素和评价特征。因为信念的主观特征，所以对同一件事情，每个人所持的信念并不一致。

（4）信念具有内隐性。它并不是显示在外的，因而难以解释，不易验证。

（5）信念具有情境性。信念并不是凌驾于一切事实和现象之上的抽象而不可捉摸的东西。它是具体的，和具体的事件、情景或行为结合在一起。

（6）信念具有发展性。信念源于经验和体验，同时也会根据新的经验、体验，及参照别人的信念而发展变化。

（7）信念有层次和类别性。有些信念属于浅层或外层信念，另一些则属于深层或核心信念。处于不同层次的信念其稳定性和作用面不同。核心信念作用范围更广，不易改变，外层信念作用范围相对较窄，相对容易改变。信念有描述性、评价性和规定性等类别之分。

（8）信念的含义具有模糊性。它与知识等概念既有联系又有区别。一般认为，信念、态度、价值、习惯等可以理解为非知性的元素，与知性相对

（Pajares 1992）。

（9）信念具有实践指导性。信念会被其持有人有意识或无意识地作为指导原则，用以指导自己的思维和行为。也就是说，人们的思维和言行受到其所持信念的规约。

因此，信念可以定义为：人们在自身知识、经验和其他因素的基础上形成的、带有明显个人印记的，关于处于某种具体情境中的事件的判断性命题，它是用于指导自身思维和行动的内隐性理论。

2.2.1.2 信念系统的内涵

一个人所持的各种信念组合在一起构成一个信念系统。从心理学角度对“信念系统”进行定义可以追溯到 Rokeach 的研究。Rokeach（1968：2）将信念系统定义为：由一个人所持有的关于其所处的特定环境之中的物质和社会现实的无数信念构成的体系，这一体系内的信念之间不一定有严密的逻辑关系，它们是以心理的形式组织在一起的。Rokeach 提出了关于信念系统的三个假设：（1）系统内各信念之间在强度上有差异，一些信念在强度和驱动力方面比另一些更强；（2）系统内各信念在层次上有差异，有核心信念与边缘信念之分；（3）系统内各信念在易变性上有差异，愈是靠近核心位置的信念就愈是难以改变。Rokeach 将系统内各种信念之间的组织方式比作原子的结构，就像原子核吸引着在其周围游走的粒子一起构成一个稳定的系统一样，一些信念构成核心信念，它们与围绕在周围的边缘信念一起构成信念系统。Rokeach 根据关联性（connectedness）来确定不同信念在整个系统中所处的位置。如果一种信念在功能与关联上与其他的信念联系越紧密，对其他信念的影响越大，它就越处于信念系统的核心位置（Rokeach 1968：5）。为了确定一种信念的关联性程度，Rokeach 提出了四个标准：（1）愈是关于个人身份和自身的信念，其关联性愈强；（2）愈是和其他人共同持有的信念，其关联性愈强；（3）派生性的信念是通过他人间接学到的，非派生性的信念是个人通过与信念客体的直接接触而学到的；非派生性的信念因为通过个人亲身经历获取，因此它与个人自身联系得更紧密，也因而比派生性信念有更多的功能联系；（4）与个人品味有关的信念，其随意性较大，与其他信念的关联性较小，居于信念系统的边缘位置（Pajares 1992）。

Green（1971）提出可以通过三个维度来分析信念系统的结构特征：准逻辑性（quasi - logicalness）、心理中央性（psychological centrality）、群组结构

(cluster structure)。第一个维度通过与知识系统相比，指出信念系统是非逻辑性结构。知识系统的形成是以逻辑为前提的，系统内各种知识有着内在的逻辑联系。而信念因人而异，反映个人的思想和价值观念，彼此之间不一定有严密的逻辑性。第二个维度指出信念系统与个体密切相关，系统内各成分的重要程度不同。系统内有些信念对其持有人来说是比较重要的，而另外一些是次重要的，因此系统内的信念之间有强弱之分，愈强的信念愈接近中央位置，其重要程度愈高，愈弱的信念愈居于边缘位置，其重要性程度愈低。第三个维度指出信念以群组形式出现。对于同一个信念客体，即同一件事件的信念不止一个，而是一组或一群。这一组群内的信念可能互相关联，也可能只有较松散的联系，甚至还可能彼此间存在冲突。

Abelson（1979）和 Pajares（1992）进一步区分了知识系统和信念系统。他指出与知识系统相比，信念系统有六个特征。（1）信念系统并不是大家都认同的，表现为三个层次：其一，由于各人视角不同，其信念系统会不相同；其二，一个人信念系统中的各信念之间也可能在一定程度上互相矛盾；其三，一个人可能同时持有两个信念系统。（2）信念系统经常会包含脱离实际的理想情景。（3）信念系统依赖于情感和评价成分，系统中的认知方面评判各概念的好坏，动机方面影响允许进入信念系统的输入。（4）信念系统内的成分是开放性、无边界的。（5）信念系统带有个人的倾向性，如偏信某一种观念而无视其他的观念。（6）信念系统是个人经验的结果，这些经验主观上提供信念有效的证明。

Pehkonen（1999）将信念系统内的信念分为三个等级：意象（image）、信念（beliefs）和构想（conceptions）。意象是最低的等级，它存在于个人的实务应用型知识之中，来自于个人的经历，包含着较重的情感因素，是不自觉的。信念处于中间等级，它指个人对于具体事件或事物的主观知识，它也包含情感因素。信念所指的这种主观知识不一定基于客观实际情况。构想是有意识的信念，它具有较强的认知元素，是自觉的。

基于以上的相关研究，信念系统的特征可以概括如下：

（1）系统内的信念不以单个孤立存在，而以群组为单位存在。每一个群组都是关于一个客体的信念，它包含着数量不等的信念。

（2）一个人的信念系统是由无数的信念群组构成的体系。系统内的群组之间以及群组内的各信念之间以心理形式关联，而不是或不一定是以逻辑形式关联。

（3）不同群组在信念系统中的位置不同，一个组群内的信念在整个信念系统中所处的位置也不同。对个人思维和行动影响越大的信念群组或群组内的信念越靠近系统的核心位置，对个人思维和行动影响越小的群组或群组内的信念越靠近边缘位置。

（4）一个人的信念系统是开放、动态的。相对于人类有限的生命来说，其认知客体的无限性和多变性决定了人们信念系统的开放性和动态性。也就是说，随着一个人所经历认知活动的不断增加，其信念系统内的信念组群会越来越多；同时，随着同一件事件或事物在不同环境下的多次出现，关于它的信念组群内的构成情况会发生变化，其中，有些信念会因为反复得到证实而变得更强，有些则会因为证伪而弱化或消失，还有可能会因为新情况的出现而形成新的信念。基于此，信念系统的结构形式可以用图 2 –1 表示。

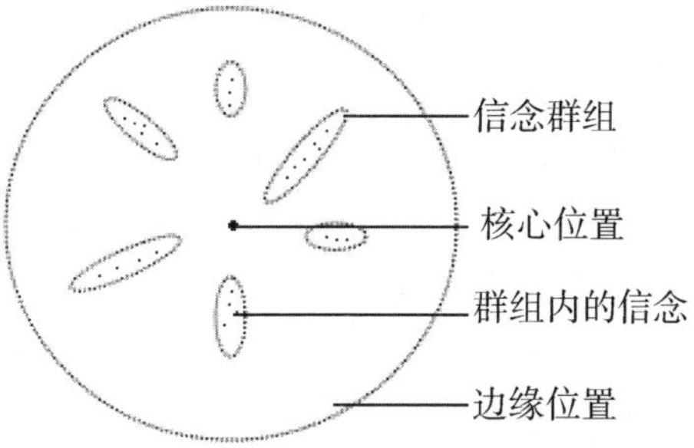

图 2 –1　信念系统结构示意图

图 2 –1 中的球体表示信念系统，球体中央的点表示信念系统的核心位置，距离该点越远表示离信念系统的核心位置越远，也就是越靠近系统的边缘位置。球体之内的众多椭圆形体表示信念群组，每一个椭圆形体表示一个信念群组。椭圆形体内的点表示群组内的信念。

球体的外沿由虚线构成，椭圆形体可以自由进出信念系统，这表示信念系统是一个开放的系统，它的构成内容处于动态变化之中，即系统内的群组会随着持有人经历的丰富和认知的发展变化而增加、减少和改变。球体内每个椭圆形体的位置是不同的，有的更靠近球体的核心，有的则靠近球体的边缘。椭圆形体的不同位置表示不同信念群组在系统中的相对位置不同，对其持有人的思维和行动影响力较大的群组较靠近系统的核心位置，影响力较小的群组较靠近边缘位置。群组之间的相对位置随着信念持有人的经历和认知的变化而处于动态调整之中。球体内椭圆形体的外沿也由虚线构成，表示群组内的信念也处于动态变化之中，一个群组内的信念会随着其持有人经历的丰富和认知的发展变化而增加、减少和改变。每一个椭圆形体均朝向球体的核心位置，表示每一个群组内的信念都是从内向外分布的，群组内愈是重要和稳定的信念就愈靠近核心位置。群组内信念的位置并不是固定不变的，它们会随着其持有人经历的丰富和认知的发展变化而动态调整它们之间的相对位置。

2.2.2 教育信念与教师信念

2.2.2.1 教育信念

瞿卫星（1998）、宋宏福（2004）等将教育信念界定为对某种教育观念、教育思想、教育理论的确认和坚信。邬志辉（2000）、陈向明（2003）等认为教育信念是积淀于教师心智结构的价值观念，常作为一种无意识或先验假设支配着教师的教育行为。《教育大辞典》（顾明远 1998：785）中对教育信念的定义为“对一定教育事业、教育理论及基本教育主张、原则的确认和信奉”。

由于许多学者并不区分教育信念和教育观念这两个概念，因此他们对于教育观念的定义也可以看作是对教育信念的定义。为了更有效地说明教师信念与教育信念之间的联系和区别，我们列举一些国内学者对教育观念所做的定义，以供比较分析：

教师的教育观念指教师在教育教学中所形成的对相关教育现象，特别是对自己的教学能力和所教学生的主体性认识，它直接影响着教师的直觉、判断，进而影响其教学行为（辛涛，申继亮 1999）。教育观念是教师基于对儿童发展和教育的认识而形成的基本观点和看法，是进行教育的内在依据和基础，是其在一定的历史文化背景下形成的个人看法（易凌云，庞丽娟 2004）。教师的教育观念是教师在一定的历史文化背景下，在日常生活、教育教学实践与专业理论学习中，基于对学生发展特征和教育活动规律的主观性认识，而形成的有关教育的个人看法（周利斌 2006）。教师教育观念是教师在教育教学过程中，基于自身经验、专业背景、教学能力和教学情境等对教学工作、课程、学生、学习、教师角色等相关因素所持有并信以为真的个人化观点，教师教育观念对其教育行为具有影响和指引作用（高潇怡，庞丽娟 2009）。

对比分析以上关于教育信念的各种定义，可以看出各种定义不完全一致。总体来看，学者们倾向于认同教育信念是一个比较宏观的概念。但是，各种定义所指的外延也不尽相同，定义的侧重点也不同。

从外延来看，大多数学者倾向于教育信念所涉及的应该是宏观的教育理论、教育思想、教育主张、价值观念和教育规律，而教育信念就是指个人对这些宏观理论观念的看法，如瞿卫星（1998）、宋宏福（2004）、邬志辉（2000）、陈向明（2003）、顾明远（1998）、易凌云和庞丽娟（2004）、周利斌（2006）。与此同时，也有学者认为教育信念涉及教育活动中的各参与主体和客体以及他们的特点，包括教师的角色和能力、学生的角色、课程、教学工作等，而教育信念指的是对他们的看法，如辛涛，申继亮（1999）、高潇怡和庞丽娟（2009）。

从侧重点来看，有的定义强调教育信念持有人对信念的确认和坚信，如瞿卫星（1998）、宋宏福（2004）、顾明远（1998）。有的定义强调教育信念的假定性的特征，如陈向明（2003）。有的定义强调教育信念的个体独特性特征，如易凌云和庞丽娟（2004）、周利斌（2006）、高潇怡和庞丽娟（2009）。有的定义强调教育信念的功能，如邬志辉（2000）、陈向明（2003）、辛涛和申继亮（1999）、高潇怡和庞丽娟（2009）。

2.2.2.2 教师信念

本研究中所讨论的教师信念仅指教师所持有的与其教育教学工作相关的信念。

Clark &. Peterson（1986）将教师信念列为三种教师思维过程之一。他们将教师的思维过程分为三种，分别是教师计划、教师的互动思维和决策、教师的理论和信念。教师计划指教师在课前准备和课后反思中的思维过程；互动思维和决策指在课堂教学活动进行之中的思维过程；教师的理论和信念，贯穿在教师计划、教师的互动思维和决策的全过程之中。Clark 和 Peterson 将教师的信念等同于理论，用它指教师所拥有的影响其计划、互动思维和决策的丰富知识储备。Peterson 等（1989）进一步说明了教师信念的所指，认为它包括学科内容的呈现、呈现的方式以及学生对学习内容掌握的难易程度等方面的看法，还包括对教学目的、课程和师生关系等方面的看法。Porter &. Freeman（1986）认为教师的信念是教师关于其教学取向的信念，它包括学生、学习过程、学校在社会中的角色、教师自身、课程、教学法等方面，还包括教育目的、在达成教育目标的过程中教师应承担的责任、学生能否达到所设定的教育目标等方面。

Kagan（1992）认为每一位教师都持有关于教育的内隐性假设，例如应该怎样教授学生、学习过程应该是怎样的、课程目标应该是什么。这些内隐假设是默许的，教师通常并没有意识到它们的存在。因此他将教师信念定义为“职前或在职教师所持有的关于学生、学习、课堂和所教学科内容的内隐性假设”。在实际教学实践中，几乎不可能找到整齐划一而且完全正确的做法，教师会根据每一堂课中情景的特殊性而采用不同的处理。有时，在同样的情景中，教师也会面临着多个同等有效的处理方案，此时最终的选择取决于教师所持有的内隐性假设。Pajares（1992：314）认为教师信念指的是教师的教育信念（educational beliefs），它包括关于他们的职业、学生、所教学科、角色和责任等多方面的信念。例如，教师影响学生的信念、对知识本质的理解、对自我的观点、对教师和学生的行为表现以及能否完成特定任务的观念。Calderhead（1996：709）认为教师信念通常指教师的教学信念，即在教学情境与教学历程中，教师对教学、学习、学习者、课程、教师自我或教师角色等相关概念所持有且信以为真的观点。Woods（1996：194）提出了一个 BAK（beliefs, assumptions and knowledge）的概念。他认为信念、假设和知识三者之间虽然有区别，但这种区别更多的是人为的区分。从对教师的访谈结果来看，三者之间的结合远远大于它们的区分，因此应该使用 BAK 这个三位一体的综合概念。按照 Woods 的观点，教师信念也就等同于 BAK，因而这个概念的外延几乎囊括了教师认知的所有方面，它包括教师的态度、价值、信念、思维、印象、知识、概念、工作原则、实践知识和内隐理论等方面。

M. Borg（2001）认为教师信念主要指教师的教学法信念，或者是与教师个人教学相关的信念。它主要包括教师关于教学、学习、学习者、学科（例如外语）、教师自身或教师的角色等方面的信念。Meijer 等人在试图区分教师知识和教师信念时，认识到在教师的思想中，其知识、信念、观念和直觉的构成成份极其复杂地交织在一起，难以区分。相对于更接近事实命题的知识来说，教师信念被定义为教师的个人价值观、态度和观念等较为抽象的认知层面（Meijier et al.，2001：446）。Sahin et al.（2002）在其研究中对“教师信念”所下的工作定义为：信念是教师关于他们工作的思考和诠释，教师的信念与他们的情绪、态度、经历和决策有关。S. Borg 对与教师信念相关的研究进行了综述和分析，他发现在教师个体的认知世界内区分“知识”、“信念”等相关的概念非常困难，因此他放弃了对“教师信念”进行单独定义的努力，转而使用“教师认知”这个概念来通指复杂的教师精神世界的各项内容。在 S. Borg 的研究中，虽然教师信念是教师认知之中的一项内容，但是在概念上，它们是互相通用的，指教师在其职业生涯的任何阶段，对其工作各方面问题思考的内容、了解的知识和相信的观念（Borg 2003：86）。Chiou（2005）在其关于英语教师阅读教学信念的实证研究中将“教师信念”界定为：教师关于英语教学的意见、概念和态度。在他的研究中，信念（belief）、意见（opinion）、概念（concept）、和态度（attitude）等概念互相换用，互相解释，不作区分。

国内研究中，俞国强等（2000）将教师信念界定为教师对有关教与学现象的某种理论、观点和间接的判断，它影响着教育实践和学生的身心发展。郭晓娜（2008）认为教师在教学实践过程中，对教学本质所坚持的价值观念、对教学内容的选择、对学生发展与师生关系的看法、对教学目标的确定、对教学评价方式的使用与筛选原则、对教师角色的知觉以及对于学生学习特点的掌握等，均会有一套特有的诠释与判断之价值体系，这就是教师的教学信念。林一刚（2008）在总结 Kagan（1992）、Porter &. Freeman（1986）对教师信念定义的基础上，提出教师信念是教师对教育、教学的假定，并且认为教师信念具有四个方面的特征：（1）教师信念本身也是一个系统，并处于教师个体信念系统的某一个层次；（2）教师信念也以“中心—边缘”的方式组织，越中心的教师信念越难改变；（3）中心的教师信念发生改变会导致整个教师信念的变化。边缘的教师信念日积月累的变化能导致中心信念的变化，进而转变整个教师信念系统；（4）有些信念教师自己能意识到，而且能用语言有效表达，有些则相反。王慧霞（2008）将教师的信念定义为教师在教育教学中所形成的对相关教育现象，特别是对自己专业以及自己的教学能力和所教学生的主体性认识，它影响着教师的教育实践和学生的身心发展。

对比分析以上国内外学者对教师信念所做的定义可以看出，各种定义的所指多样、不一致。这种不一致主要体现在两个方面：

（1）概念所指的外延不同；

（2）概念所指的本质特点不同。

从外延来看，各种定义包括了两个层面：教育层面和教学层面。教育层面涉及上节讨论的教育信念的内容，它是一个宏观性的概念，包括对教育思想理论、学生成长特征和能力、教育目的、教育活动、学科课程、学校角色、教师职业和角色等方面的看法和观点。教学层面是一个相对微观的概念，它所指的主要是关于具体学科或课程的教学目标、教学内容、教学材料、教学方法、学习规律、学生特点、教师角色、学生角色、教学环境、教学评价等各方面的看法和观点。

本节所列关于教师信念的定义中，有的倾向于教育层面，有的倾向于教学层面，有的则两者并重。各定义的重点倾向及外延综合分析见表2－1：

表2－1　教师信念定义的倾向与外延

研究者	定义倾向	教育层面的外延	教学层面的外延
Clark & Peterson (1986)	强调学科教学层面；		影响教师计划、思维和决策的知识
Porter & Freeman (1986)	强调学科教学，但同时包括教育和教学两个层面。	教育目的和目标；教师责任；教育目标	学生；学习过程；学校角色；教师；课程；教学法；
Peterson (1989)	强调学科教学层面		学科内容；课程；教学目的；师生关系
Kagan (1992)	强调学科教学层面		学生；学习；课堂；内容
Pajares (1992)	强调教育层面	教师角色和责任；学生的行为及能力；学科；知识本质	
Calderhead (1996)	强调学科教学层面		教、学情境和历程；学习者；课程；教师角色
Woods (1996)	信念等同于BAK，同时包括教育和教学两个层面	态度；价值；信念；思维；印象；知识；概念；工作原则；实践知识；内隐理论	态度；价值；信念；思维；印象；知识；概念；工作原则；实践知识；内隐理论

续表

研究者	定义倾向	教育层面的外延	教学层面的外延
M. Borg (2001)	强调学科教学层面		教学；学习者；学科；教师
Meijer (2001)	强调抽象的教育认知层面	价值观；态度；观念	
Sahin (2002)	教师工作的各方面包括教育和教学两个层面	关于工作各方面的思考和诠释	关于工作各方面的思考和诠释
S. Borg (2003)	教师认知同时包括教育和学科教学两个层面	关于工作各方面的思考、知识；相信的观念	关于工作各方面的思考、知识；相信的观念
Chiou (2005)	强调学科教学层面		教学的意见、概念和态度
俞国强 (2000)	宏观教育和具体教学两层面	教学的理论、观点和判断	教学的理论、观点和判断
郭晓娜 (2008)	强调学科教学层面		教师；学生；目标；方法；教材、环境；教学评价
林一刚 (2008)	包括教育和教学两个层面	对教育的假定	对教学的假定
王慧霞 (2008)	包括教育和教学两个层面	专业；教师的能力；学生	专业；教师能力；学生特点

不同学者的定义在侧重点上的区别主要源于视角的不同。谢翌（2006）在文献综述的基础上，总结出在教师信念概念定义中的六种不同视角：（1）把教师信念看作知识或教育观念的一部分；（2）关注教师信念的评价成分及其功能；（3）关注教师信念的实质性特征：假定性；（4）关注教师信念的确认程度及其与思想、行为之间的关系；（5）关注教师信念的情感成分；（6）关注教师信念的存在形式、确认程度及其与实践之间的关系。

从本质特点来看，教师信念的不同定义反映出不同学者对教师信念本质特点的不同理解。大体可以分为以下五种情况：

（1）教师信念是教师的认知。这种理解认为教师信念是教师认知的一部分，它与其他因素一起共同构成教师认知的整体。在这一整体内，教师信念与其他认知元素共同存在，共同发展，难以拆分。教师信念与假设、知识三位一体，难以区分，共同形成 BAK 的概念，这一概念几乎囊括了教师认知的所有方面（Woods 1996）。教师信念是其个人价值观、态度和观念等认知层面中较为抽象的层次（Meijer 2001），是教师对其工作各方面问题思考的内容、了解的知识和相信的观念（S. Borg 2003），是教师关于他们工作的思考和诠释（Sahin 2002），是教师对教育、教学现象的主体性认识（王慧霞 2008）。

（2）教师信念是教师信以为真的观念。这种理解将教师信念看作是教师所认同和持有的真理，它强调对于持有者的教师来说，信念的真理性。教师信念是教师关于教育的信以为真的观点，它包括特定的命题和原则（Pajares 1992），是教师所持有并且信以为真的观点（Calderhead 1996），是关于教学法的信以为真的信念（Borg 2001），是教师对教学过程中相关因素所持有的信以为真的观点、态度和心理取向（郭晓娜 2008）。

（3）教师信念是教师的假设。这种理解强调教师信念的假定性特征，它不一定是已经证实为真的真理，但是在教学实践中，教师还是可能会根据这些假设来进行教学决策。教师信念是教师所持有的关于教育教学的内隐性假设（Kagan 1992），是教师对教育、教学的假设（林一刚 2008）。

（4）教师信念是教师的判断和取向。这种理解强调教师信念是教师对教育教学现象、理论、观点等的意见、判断和评价。教师基于自己的判断，确立自己应该持有的态度和教学取向。教师信念是教师的教学取向（Porter 和 Freeman 1986），是教师对教育教学的看法（Peterson 1989），是教师对英语教学的意见、概念和态度（Chiou 2005），是教师对理论、观点的判断（俞国强

2000）。

（5）教师信念是知识。这种理解认为教师信念是教师所拥有的丰富知识库之中的一类较为特殊的知识。它的特殊性体现在信念一方面可以像其他知识一样被教师提取使用，同时，它还充当一个过滤器，参与到教师对其他知识的提取使用的过程之中。教师信念是教师的思维过程，属于教师的知识储备（Clark 和 Peterson 1986）。

本节讨论分析了信念、信念系统、教育信念和教师信念等概念的定义，以及信念与信念系统之间、教育信念与教师信念之间的联系与区别。从教师信念概念的外延来看，本书中的教师信念仅涉及教学层面。教学层面的教师信念本身也构成一个系统，该系统的构成维度在本节的各种定义中有所涉及，但较全面的维度建构和分析见第三章。从教师信念的本质特点来看，本文认为教师信念是教师认知的一部分。从教师认知与课堂教学的关系来看，教师信念是教师认知中最核心的部分。

2.3 英语教师信念与教学行为

正如本书第一章关于研究历史和现状部分所述，在过去，外语教师的教学行为是研究的中心，研究者们试图在教师的教学行为与学生的学习进步之间建立联系，试图找出最有效的教学行为。教师的行为被看作是研究教师态度、思想和实践的关键（Allwright 1988）。到二十世纪六七十年代，一些学者（如 Borg 2001；Clark &. Peterson 1986；Jackson 1990；Johnson 1992a，1994；Kagan 1992；Peacock 2001）提出，与教学行为相比，教师的认知，即教师的思维过程，更应该受到关注。Jackson（1990）指出，教师行为之中隐藏着思维过程；如果要探明教师行为的发生本质，就需要研究这些思维过程，对它们进行辨识、描述、分类和分析。发生在二十世纪六七十年代的这种转变可以概括为从“研究教师怎么教”，到“研究教师怎么想”的转变，这是从行为研究到认知研究的转变。教师们不再被看作是教学理论和原则的简单执行者，而是“能够在复杂多变的环境中做出理智的判断和决策的”睿智专业人士。因为正是教师的判断和决策决定了教师的教学行为，因此，教师的判断和决策就成为了教师认知研究的第一个焦点问题。

2.3.1 教学决策与教学行为

2.3.1.1 教学决策的分类与特点

Calderhead（1984）提出教师的决策可以分为三种：反思性决策、即时决策和常规决策。三种决策都提供了教学中所遇到问题的解决方案。反思性决策有较多的时间用于思考，它包括找出解决问题的可能方案，并评估它们可能带来的结果。即时决策是对课堂教学中所遇到问题的即时解决方案，它虽然也包括对问题和解决方案的思考，但是它时间短，变化快。常规决策是那些解决方案经常被采用而以至于常规化和自动化的决策。

Richards &. Lockhart（2000：78）按照教学的环节，也将教师决策分为三种：计划决策、互动决策和评估决策。计划决策是课堂教学活动发生之前，教师在课程准备阶段作出的决策。计划决策并不能考虑到课堂教学中的所有方面，而且在教学过程中，随着情况的变化，事先作出的计划决策也可能需要改变。因此，在课堂之中需要根据变化着的情况作出即时的决策，这些决策根据情况的变化而变化，与课堂情况互动，称为互动决策。在课堂教学之后，教师需要对计划决策和互动决策的效果作出评估，保留有效的教学安排，改进或抛弃无效的安排，以便为以后的课堂教学所用，这种决策称为评估决策。不同教学环节需要考虑的问题不同，Richards &. Lockhart（2000：82～87）将这些问题进行了整理和归纳（见表2－3）：

表2－3　教学决策需要考虑的问题

决策种类	需要考虑的问题
计划决策	我希望我的学生从这节课中学到什么？ 我为什么要上这节课？ 我对这节课的教学内容理解程度如何？ 这节课需要安排什么活动？ 怎样将这节课的内容与学生已知的内容联系起来？ ……
互动决策	学生理解这些吗？我的讲解是否清楚？ 我需要提高学生对这项活动的参与度吗？ 这对学生是否太难？ 我是否应该用别的方法教授这项内容？ 这项活动是否耗时太长？ ……

续表

决策种类	需要考虑的问题
评估决策	这节课是否成功？为什么？ 这节课的主要优缺点是什么？ 学生学到了希望他们学到的内容吗？ 学生从这节课学到了什么？ 这节课的内容是否符合学生的需要？ ……

在作计划决策时，教师需要考虑两个方面的因素（Woods 1996）：所拥有的资源和所受到的制约。资源影响着教师决策的可能性和选择性。它包括教师所积累的教学经验和可以利用的图书、资料、教学设备等外部资源。教师所拥有的资源越多，决策时的选择余地就越大，决策就可以包含更多的可能，反之，计划决策时的选择余地就越小。制约是指那些限制教师作出更多选择的因素。制约因素来自于环境、学生的现状、教师的信念等多个方面，例如学生的英语水平会制约教师对活动安排、任务挑选、评估方式等方面的决策。

教师所作出的计划决策之间存在着两种关系：逻辑关系和时间关系。逻辑关系是决策之间的内部关系，它指一个决策导致了另外一些决策，或者某些决策是根据其他一些决策做出的。例如，一旦决定以学生为课堂的主体，那么课堂活动的设计、教学节奏的安排、评估方式的选择等方面的决策均需围绕着以学生为主体而展开。时间关系指计划决策与课堂教学环节之间的映射关系，根据教学环节时间先后的不同，计划决策之间也可根据实施的时间先后排序。

互动决策直接导致了教师的课堂行为，因而最为重要，它是各个环节教师决策的核心，因而也最为研究者们所注意。

在课堂教学中，教师最重要的一个任务就是保持教学流程的继续（Shavelson & Stern 1981；Richards 1998：76）。当课堂教学遇到一个问题被卡住而不能继续进行的时候，教师们会回想起各种解决该问题的常规性做法，并且根据当时变化着的情况，作出互动性的决策，挑选或者创造性地想出好的解决方案，以重新引导课堂，使教学活动继续进行下去。

关于课堂互动决策的内容，表 2－3 中的相关问题包括了多个方面，Richards（1998：115）将其概括为时间因素、情感因素、教学法因素和语言焦点四个方面（详见表 2－4）。

表 2-4 课堂互动决策

决策的因素	决策的内容
时间因素	因为时间不够而减少安排好的活动 因为时间富余而增加活动
情感因素	为了活跃课堂气氛而增加活动 为了提高学生的兴趣而调整活动
教学法因素	改变活动顺序 详细解释一项活动 改变分组安排 因为难度而改变或取消活动 取消不需要的活动 增加活动以加强练习某项课程内容
语言焦点	调整活动以改变语言焦点 增加活动以提供更多的练习机会

影响课堂互动决策的因素可以概括为三个方面：教师的知识、教师的教学经验和教学环境。教师所掌握知识的数量和类型会影响教师的决策，由于不同教师所掌握的关于课堂互动、学生、教学策略、师生角色和评估方法等方面的知识不同，即使面对相同的情况，他们做出的决策是不相同的（Gatbonton 1999）。教学经验的多寡会使教师决策所关注的问题有所不同，Nunan（1992：135～165）在调查中发现虽然从总体上看，大多数的互动决策围绕课堂管理和活动组织展开，但是经验较丰富的教师比经验较少的教师明显更多的关注语言教学本身的问题，而不是管理和组织。教学环境不可避免地影响着教师的决策。课程要求、院系的教学安排、同事的教学情况、教学设备等极大地影响着教师的决策（Borg 1998；Burns 1996：154～177）。当教学环境表现出明显的制约特征时，它们对教师决策的影响尤其突出（Crookes &. Arakaki 1999）。

根据本文第四章所构建的概念框架，影响教师决策的教师知识、教学经验和教学环境三个方面，均属于信念影响因素，它们对教师决策产生的影响是通过教师的信念间接发生的。

以上关于教师决策的分类和特点表明，教师决策伴随着教学活动的全过程，教师通过决策引导和塑造课堂教学，可以说教学活动的发生过程就是一个教师决策的过程，而且教学活动在极大程度上是教学决策的结果。教学决策基于教师对即时情景的判断和教师所持有的信念，将自己的信念灵活应用于具体情境之中，做出决策。教学决策与教学行为之间的关系在下一节予以讨论。

2.3.1.2 教学决策与教学行为的关系

既然教学决策导致了教师的课堂教学行为，那么它们之间的发生机制究竟是怎样的呢？也就是说，在课堂教学中，教学决策究竟是怎样引发特定教学行为的呢？

Shavelson & Stern（1981）对二十世纪八十年代初期以前关于教师认知研究进行综述的基础上提出了一个教师判断、决策和行为的关系图（见图2－5），并将其作为教学判断与决策模式用来研究教师教学的情况。

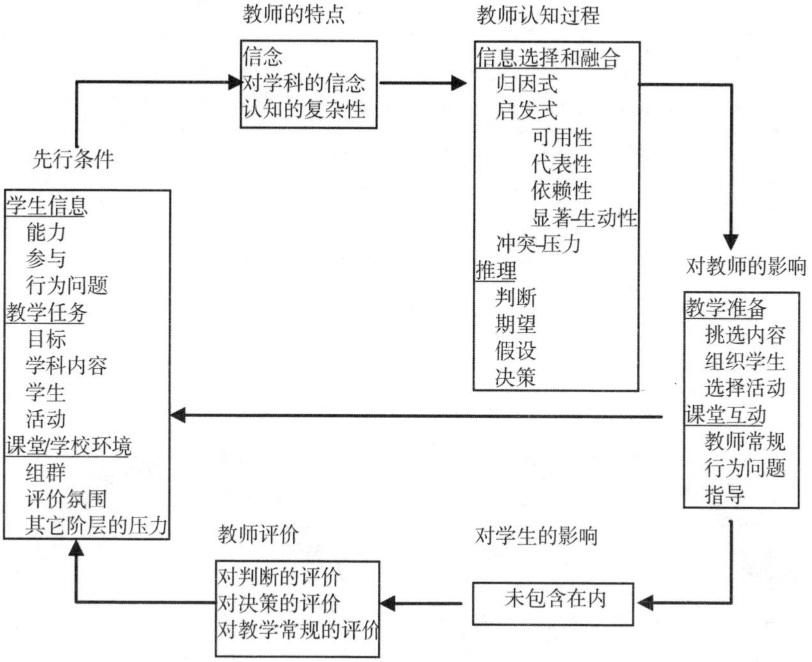

图2－5　教师判断、决策和行为综观

注：图2－5编译自Shavelson & Stern 1981：461

图2－5所示的教师判断与决策模式包括的内容很多，有学生信息、教学任务信息、教学环境信息、教师信息、对信息的选择和决策、对教师课前准备和课堂互动的影响，以及教学评价反思共七个方面。分析该模式，能够影响教师决策的因素很多，例如学生、教学任务、环境等，但是最直接的却是教师因素。教师的特点，尤其是教师的各种信念特点及教师认知的复杂性特点直接影

响着教师的决策，它们直接影响教师运用归因和启发的方法，在考虑冲突－压力的基础上选择和融合信息，并进一步在这些信息的基础上作出教学决策。决策一旦作出，就决定着教师的课前准备和课堂之中的行为。至于教师的评价，只是一个反思过程，它们会影响下一轮的教学决策与教学行为循环。教师的教学判断和决策模式的核心内容有三个方面：第一是提出了影响教师决策的各种信息；第二是教师认知处理这些信息并形成教学决策；第三是教师决策如何导致教学行为。围绕着该模式所传达的三方面内容，图 2－5 可以简化为图 2－6。

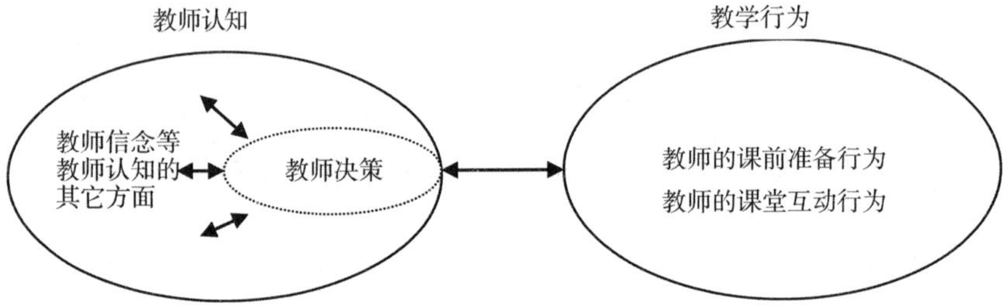

图 2－6　教师决策与教师行为的关系

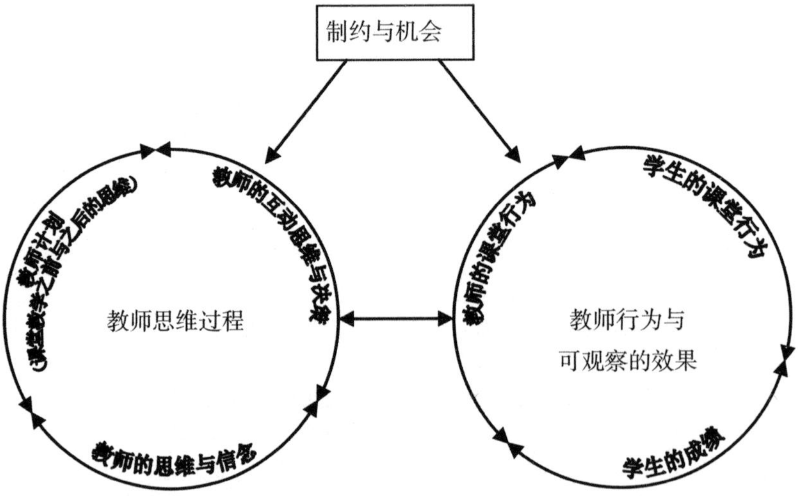

图 2－7　教师思维与行动模式

注：图 2－7 编译自 Clark &. Peterson 1986：257

为了探究教师的思维过程及其对教学行为的影响，Clark &. Peterson（1986：257）又提出了一个教师思考与行动的模式（见图 2－7）。该图所示的模式包含涉及教学过程的两个部分，第一是教师思维过程，第二是教师行动和可观察的结果，这两个部分分别用两个带有箭头的圆形表示。该图从两个角度对两个部分做了区别：第一个角度是可观察性，教师思维过程不可直接观察，因而也难以对其进行描述；而教师行为与效果可以直接观察和描述。第二个角度是教师研究的途径，教师思维过程部分代表的是新兴的教师认知研究的途径，而教师行动和效果部分代表的是二十世纪六七十年代以前主流的教师研究途径。

教师的思维过程包括三个方面：第一是教师计划，包括课堂教学行动前后的计划；第二是教师行动中的思维决策；第三是教师理论和思维。前面两个方面包括教师计划的过程，行动前、行动中和行动后三个教学阶段。第三个方面代表教师所拥有的理论和信念与教师决策的互动性。教师思维过程的三个方面是相互循环影响的关系。

教师的行动及可观察的影响也包括三个方面：教师行为、学生行为和学生成绩。教师的行为会引起相应的学生行为，学生的行为决定着他们的学习成绩，学生成绩反过来又会影响教师的后续教学行为。因此，教师的行动及可观察的影响之间也是相互循环影响的关系。

教师思维和教师行动之间是相互影响、相互促进的关系。教师的思维过程决定着教师所采取的行动，而教师的行动和引起的结果会给教师带来新的反思，促进教师思维的深入。

深入理解教学过程还需要了解限制与机会对教学过程两个方面的作用。限制与机会指的是环境。这里的环境不仅包括课堂教学所需要的物理环境，还包括校园文化，教学计划等方面的软环境。院系已经决定的教学计划和教学大纲等既可以为教师的思维决策提供启示和依据，同时也会限制他们的思维和决策。课堂里的多媒体等物理教学条件既可以为教学活动的开展提供帮助，也可能限制这些活动的开展。例如，如果教室里面配备了多媒体和网络设备，教学活动过程中就可以充分利用音频、视频和众多网络资源，使学生的听说读写各项技能同时发展。但是，如果运用不当，则会将学生的注意力引向表面的语言现象，忽视语言规律的掌握，更谈不上思辨能力的培养。

本节首先讨论教师决策的分类和特点，进而综述了 Shavelson &. Stern（1981）以及 Clark &. Peterson（1986）两种关于教师认知与教师行为的模式。这些讨论表明，教师决策是教学环节中的重要一环，它以教师信念为基础，以教师行动为效应，居于连接教师认知和教师行为的关键位置。它在教学过程的位置及与相关因素的关系可以表述为图2－7。

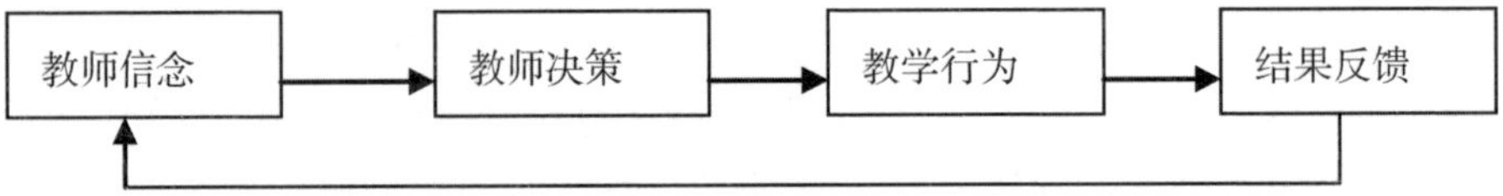

图2－7　教师决策、教师信念、教学行为的关系

图2－7表示，教师以其信念为依据作出教学决策，也就是说，教师信念决定着教师决策。教师的决策直接引发相应的教学行为，教师在课堂之中作出的互动决策与他们发出的教学行为是一一对应的。教学行为会引起学生的相应行为并产生相应的教学结果。教师会根据教学结果对自己的教学行为进行反思，反思得到的启示成为自己信念的一部分，进而影响下一轮的教学活动。教师信念、教师决策、教学行为、结果反馈四个部分之间是单向循环影响的关系。

2.3.2　教师信念与教学行为

2.3.2.1 教师信念与教学行为的一致性

在教师信念研究领域，有相当多的学者探讨了教师信念与其教学行为的关系问题，而该问题的核心在于两者是否一致。大多数研究结果表明教师的信念与他们的课堂教学行为基本一致（见Johonson 1992；McCarty et al. 2001；Nespor 1987；Richardson et al. 1991；楼荷英，寮菲2005等研究）。Borg（2001）指出教师的信念引导教师的行为。Deford（1985：352）指出在知识等因素基础上形成的教师信念系统引领着教师关于教学的理解，指导着他们的教学行为。Richardson等（1991）的研究表明教师的信念能够准确地预测他们的行为。Solas（1992）指出教师的行为不仅与其信念有着对应关系，而且还依赖于信念进行解释。

Fang（1996）在其关于语言教师信念与实践关系研究的综述中发现，关于教师信念和实践关系的探讨主要集中在阅读和写作课教学方面。教师的确拥有较为明确的信念，而且这些信念塑造着他们的决策和教学行为的特点。Grossman（1991：245～264）对比研究了两位英语教师的文学课教学情况。这两位教师分别持有文本取向和读者取向两种不同的信念。该研究显示文学课教师的教学信念与他们的教学行为保持一致。Johnson（1992）使用三种方法调查教师的信念（三种方法分别是教师对理想英语课堂教学的描述、教师从反映不同教学信念的教案中选择最好的一个、教学信念量表），然后通过课堂观察，将三位有代表性教师的信念与行为进行了对比。研究结果表明绝大多数教师对教学方法的选择和运用体现着他们的信念。Kember &. Kwan（2002）通过定性研究的方法发现香港大学的教师有两种教学信念：传递知识信念和促进学习信念。前者多采用内容导向的教学方式，后者多采用学习中心的教学方式。这两种教学方式在教学动机、策略、焦点、考核、切合学生特点、经验和知识的来源等方面均有不同的特点。他们的研究发现教师的信念能够转化成教学方式，体现在以上各个方面。Knudson（1998）对106位职前英语教师的调查结果表明，他们在教学行为中反应出来的教学方法取向与他们所报告的信念完全一致；虽然大多数职前教师拥有明确的教学信念，但是并不是每一位教师都意识到了自己所拥有的信念的存在。Sahin 等（2002）采用访谈和课堂观察的方法研究了教师关于提问的信念和行为。研究表明，教师的信念会引导教师发出与其一致的行为，同时，这些行为还可能承载着教师信念中没有包括的成分，或者是说没有意识到的作用。

在众多关于教师信念与行为的研究中，也有些研究结果显示，有时候教师的课堂行为与他们所报告的教学信念并不完全一致（见 Duffy &. Anderson 1984；Roehler &. Duffy 1991；Lee 2008；覃成强 2007 等）。Fang（1996）认为这种不一致可能由三种情况引起。第一种是课堂生活的复杂性。这种复杂性制约了教师专注于他们的信念并发出与其信念一致的教学行为的能力。第二种情况是教师信念的多样性。多样性的信念之间可能互相矛盾，教师经常面临着进退维谷的两难选择之中，他们最终做出的选择可能与他们报告给研究者的信念不一致。第三种情况是研究方法本身的问题。调查研究中使用研究者所判定的范畴和术语，它们有可能不为受试者所熟悉；或者这些范畴的界定本身存在模糊性，同一种课堂教学技巧或方法可能可以纳入几个不同的范畴。Lenski 等（1998）和 Gregoire（2003）认为教师信念与其课堂行为之间的不一致性正是推动教师信念发展的重要动力。教师在课堂上没有发出与自己的信念一致的行为，有可能是因为教师认为自己原来的信念并不适合当时的情况。要解决当时的具体问题，必须发出与其信念不一致的行为，而这种行为会促使教师反思。反思的结果有三种：第一是形成新的信念，以此代替原来的信念；第二是修改原来的信念；第三是形成新的信念，新信念进入自己的教学信念系统，暂时与原来的信念并存。

2.3.2.2 教师信念作用于行为的机制

Ajzen（1985，1991，1992，2002）基于推理的行为理论（the theory of reasoned action）发展出了计划行为理论，用以探讨人们行为的发生机制。图 2－8 以结构图示的形式说明了该理论的主旨。

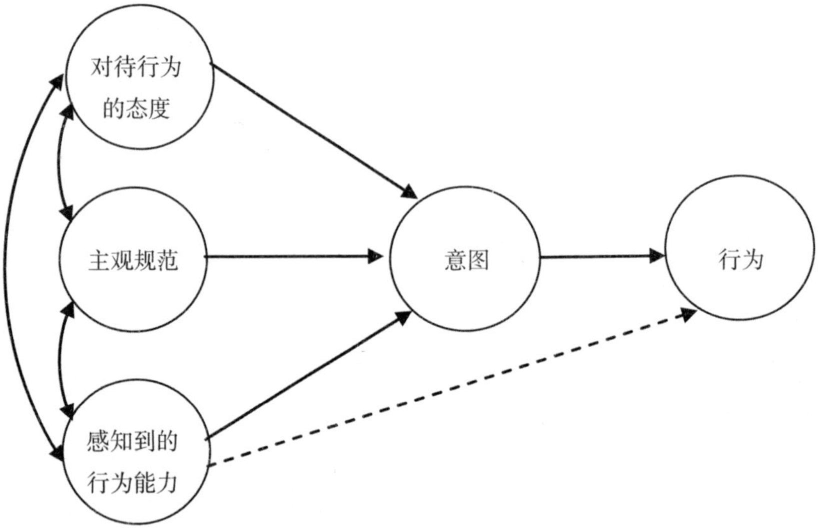

图 2－8　计划行为理论图示

注：图 2－8 编译自 Ajzen 1991：182

意图。计划行为理论的核心因素是发生特定行为的意图（intention）。该意图包含影响一种行为的动机因素，它表示行为人有多大的意愿去尝试、准备花费多大的力气去实现计划的行为。一般来说，行为人的意图越强，发出计划行为的可能性越大。反过来看，一种行为只能在行为人对该行为拥有意志控制的情况下才能够得以实施，也就是说只有行为人具有能够随意决定是否实行该行为的条件下才有可能实现。有时候行为人拥有行为的意图，但是因为缺少前提条件或资源而不得不放弃该行为。

感知到的行为能力。一种行为只有在行为人拥有行为意图，同时又具有行为能力（behavioral control）的条件下才能付诸实施。实际的行为能力指的是可供一种行为实施的资源和机会，实际上也就是外部环境中的客观条件。对于这些资源和机会能否足够行为人实施行为的判断就构成行为人感知到的行为能力。行为人感知到的行为能力能够帮助提高他的行为意图，这就是上图表现出的感知到的行为能力对意图的影响。感知到的行为能力通常被用作衡量实际能力的标准，衡量的准确性取决于感知的准确性。如果行为人对于要实施的行为知之甚少，或者是客观条件和资源发生了变化而没有被行为人所感知到，那么感知到的行为能力作为衡量标准的准确性就会降低。这就是为什么图 2－8 中感知到的行为能力除了以实线与意图相连表示对其的直接影响外，还以虚线与行为相连接表示客观条件和资源变动的不可知性对行为的影响。Ajzen（1991）提出，计划行为理论中的感知到的行为能力类似于 Bandura（1982）提出的自我效能感概念，因此认为感知到的行为能力来自于行为人的能力信念（control belief）。

对待行为的态度。对待行为的态度指行为人对于特定行为赞成或不赞成的程度。态度来自于人们对于某对象的信念。一般来说，人们通过将某对象与其相关的特征，事件或其他对象联系起来的方式，形成对该对象的信念。就关于行为的信念而言，对于某种行为的信念必然与相应的结果相联系，也与促成该结果的代价等其他相关特征相联系。通过这些联系，行为人形成对于该行为肯定或否定、赞成或不赞成的信念。由于行为人对于与特定行为相联系的特征有着肯定或否定的评价，他们自然就同时获取了对待该行为的态度。基于此，行为人对行为的态度来自于他们的行为信念（behavioral beliefs）。对特定行为的态度和信念直接影响着实施该行为的意图，对主观规范也有着刺激和改造作用。与此同时，这些态度和信念的强度会受到感知到的行为能力的影响，行为能力越强，态度和信念就越强；一旦行为态度和信念形成，它对感知到的行为能力也有反推的作用。

主观规范。主观规范指行为人感知到的实施或不实施特定行为的社会压力。这些压力来自于其他个人或团体对于实施或不实施特定行为的态度，是来自于他人的主观的态度，因此称为主观规范。这些主观规范影响行为人意图的形成，在一定程度上构成感知到的行为能力的一部分，因而对感知行为能力和行为人的态度也会造成影响。这些主观规范来自于他人和社会团体形成的态度，对行为人有着规约性，Ajzen（1991）将这些主观规范的来源命名为规约信念（normative beliefs）。

行为态度、主观规范和感知到的行为能力相互作用，共同形成行为意图。一旦这种行为意图足够强烈，就转变成了行为人的决策。如果将计划行为模式中的行为人具体化为英语教师，并将行为态度、主观规范和感知到的行为能力三者替换为各自的来源信念，计划行为模式就可以用来解释教师信念作用于其行为的机制，该机制可用图 2 –9 表示。

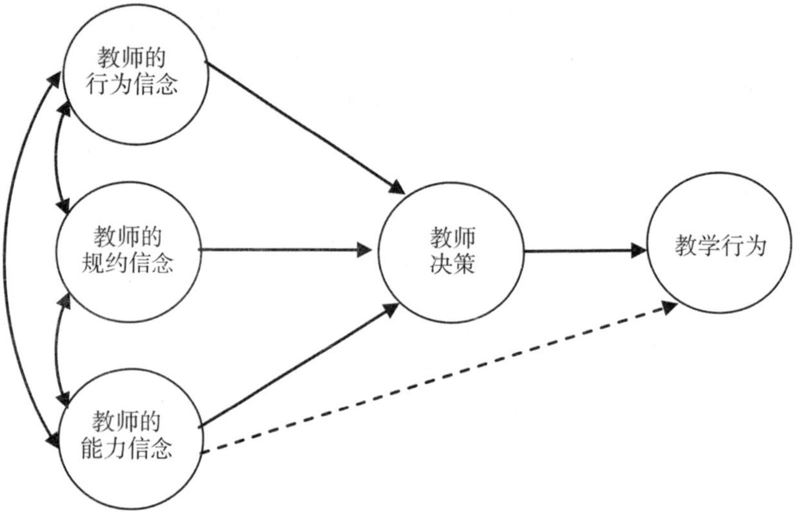

图 2 –9　英语教师信念作用于行为的机制

2.4　小结

本章在文献综述的基础上讨论了以下内容：

（1）信念的定义；

信念系统的特征；

教育信念与教师信念的联系和区别；

教师教学决策内容及其与教学行为的关系；

教师信念与教学行为的关系。

主要内容有：

本章将信念定义为：人们在自身知识、经验和其他因素的基础上形成的、带有明显个人印记的、关于处于某种具体情境中的事件的判断性命题，它是用于指导自身思维和行动的内隐性理论。

本章提出了信念群组的概念，并认为信念系统具有四种特征：（1）系统内的信念以群组为单位存在，每一个群组包含着数量不等的若干信念；（2）

系统内的群组之间以及群组内的各信念之间以心理形式关联，而不是或不一定是以逻辑形式关联；（3）依据对个人思维和行动影响力的大小，不同群组在信念系统中的位置不同，一个组群内的信念在整个信念系统中所处的位置也不同；（4）一个人的信念系统是开放的、动态的。详见图 2－1。

教师信念包括教育层面的信念和教学层面的信念，本书中的教师信念主要指教学层面的教师信念。

教师的决策按照教学过程分为课前、课中和课后三种。在课堂教学中，教师决策引发教师行为，它们之间基本上是一一对应的关系。详见图 2－6。

虽然教师信念是教师行为的认知基础，但是它们之间并没有直接联系。教师信念、教师决策、教学行为和结果反馈四者之间构成单向影响的关系。详见图 2－7 和图 2－9。

第三章

英语教师教学信念的核心维度

3.1 概述

本章的主要目标是建构高校英语教师教学信念系统的核心构成维度。

第二节在综合分析现有教师信念构成相关文献的基础上，提出了高校英语教师的教学信念系统的五个核心构成维度。

第三节至第七节分别阐述英语教师信念系统五个核心构成维度，即从英语（外语）语言观、英语教学观、英语学习观、师生角色观和英语教学专业观出发的概念、内涵和考察方式。

第八节为本章内容的小结。

3.2 英语教师信念的结构维度

3.2.1 信念结构维度研究

伴随着二十世纪六七十年代教师认知研究的萌芽，已经有学者开始意识到教师信念在教师认知和教学实践中的存在，但是，直到八十年代，教师信念在教学研究中仍然是一个“缺失的范式”（Shulman 1986），教师认知研究的中心仍然是教师决策（Borg 2008：9），以教师决策为中心的研究“没有充分认识到教师信念等关于教师理解方面的重要性”（Munby 1982：201）。在这种背景下，Clark 和 Peterson（1986：286）指出：教师信念研究的目标，是“将个体教师们赖以感知和加工信息的参考框架明确化，可见化”。这一目标也就是要明确教师信念系统的框架。随着关于教师信念研究的逐渐增多，到九十年代，Pajares（1992）指出，尽管教学研究者们认识到了信念对教师的领悟、判断和课堂行为的巨大影响，但关于教师信念的研究缺少一个清楚、明晰的定义。同时他提出除了讨论一般意义上的教育信念（educational beliefs）外，更应该讨论具体的“关于……”（beliefs about…）的信念问题。Pajares 的提议是对 Clark 和 Peterson（1986：286）所提出的教育信念研究目标的进一步强调和明确化。随后，国外和国内出现了一些关于教师信念以及语言教师信念结构维度的界定。这些界定有的是从关于教师信念维度的专题研究中得出的，但更多地是体现在他们对教师信念的定义之中（见第二章 2. 2. 2. 2 节）。

Burns（1992）在对六位外语（英语）教师的考察研究中，发现了影响教师语言教学和教育行为的五种核心信念：（1）关于与语言学习相关的语言本质的信念；（2）关于口语和书面语关系的信念；（3）关于语言学习及学习策略本质的信念；（4）关于学习者、学习者的能力、学习者英语学习能力的信念；（5）关于语言课堂及教师角色的信念。

Calderhead（1996）将教师的教育信念系统构成分为 5 个方面：（1）关于学习者和学习的信念；（2）关于教学的信念；（3）关于课程科目的信念；（4）关于学习教学的信念；（5）关于自身和教学角色的信念。

Richards（2000：65 ~ 73）没有明确阐述教师信念的维度，但是从其关于“教师信念系统本质”章节的论述中可以归纳出，他除了列举 Burns（1992）的分类外，还讨论了一些较为具体的信念，例如教师对技能—规则—功能三种教学取向的不同信念，教师对语法—交际两种教学取向的不同信念，东、西方教师和学生关于语言学习的信念，基于教师—课程—学生三种课堂中心的不同信念。

Richards &. Lockhart（2000：32 ~ 42）将英语教师的信念明确为五类：（1）关于英语的信念；（2）关于学习的信念；（3）关于教学的信念；（4）关于课程或教学项目的信念；（5）关于英语教学作为职业（专业）的信念。

Williams &. Burden（2000：56 ~ 63）在关于教师信念的论述中，从教师心理学的角度将教师信念分为三个方面：（1）关于学习者的信念；（2）关于学习的信念；（3）关于教师自身的信念。

国内关于教师信念的综述性研究中，刘桦（2004）在其关于英语教师信念体系的专门论述中将教师信念分为八个类别：（1）教师专业化信念；（2）教师信念；（3）教学信念；（4）课堂信念；（5）语言信念；（6）教学计划和课程信念；（7）学习者信念；（8）学习信念。刘莉和杨艳芳（2008）按照研究角度将关于教师信念基本结构的研究分为三类：教学活动角度的研究，包括学习者信念、学习信念、教学信念、学科信念、自我信念等；超出教学范畴的教育角度的研究，包括对教育问题的基本认识、教育目的信念、教师职业的信念；教师个人心理内容角度的研究，包括教师效能感、教师归因风格、对学生控制的信念、与工作压力有关的信念等。王慧霞（2008）提出六个方面的信念：教师效能、知识的本质、激发行为的原因、自我觉知和自我价值、自我效能和具体科目的信念。

国内其他关于教师信念结构维度的论述基本体现在它们对教师信念的定义或实证调查之中。例如，郑新民（2005）关于大学英语教师信念的调查涵盖了关于语言理论、语言教学本质、课程设置、教学内容、师生角色、课堂活动、教学资源七个方面。郭晓娜（2008）将教师信念界定为包含教师、学生、教学目标、教学方法、教材使用、教学环境和教学评价七个方面。王红艳和解芳（2009）认为教师信念包括教学、学习、课程、教师自我或教师角色等方面。徐翠（2009）关于英语教师教学信念的调查包括了英语语言、英语学习、英语教学、英语课程、自身专业发展五个维度。

以上所列出的国外、国内学者有关外语（英语）教师信念构成维度的研究中，部分研究的目标就是构筑教师信念的结构维度，并论述各维度的涵义，这些研究包括 Burns（1992）、Calderhead（1996）、Richards &. Lockhart（2000）、Williams &. Burden（2000）、刘桦（2004）；其他一些研究的目标并非是构筑教师信念的结构维度，他们或者只是在综述之中对分类加以综合和概括，例如 Richards（2000）、刘莉和杨艳芳（2008）、王慧霞（2008）；或者是为了定义的需要而列举一些维度，例如郭晓娜（2008）、王红艳和解芳（2009）；或者是为了调查的方便，在实证研究中默认使用一些维度，例如郑新民（2005）和徐翠（2009）。考察学者们的分类，有些维度是他们共有的，也有一些维度为各自独有。

3.2.2 信念结构维度构建

笔者认为，考察英语教师的教学信念，必须以教师的英语教学活动为中心，因此就需要考虑教学活动中的核心元素，这些元素包括活动对象、活动本身和参与者。教师的信念也就是关于这些核心元素的信念。英语教学活动的对象是（语言）英语，活动本身是英语的教和学，参与者是教师和学生。因此，英语教师信念的构成维度就应该包括：（1）英语语言观，即关于语言的信念，例如对语言（英语）究竟是什么的看法；（2）英语教学观，即关于作为外语的英语教学（教授）的信念，例如对英语教学目标是什么的看法、对英语教学方法使用的看法、对英语课堂活动组织形式的看法，对教学内容的看法；（3）英语学习观，即关于作为外语的英语学习的信念，例如对英语学习活动本质的看法，对英语学习策略的看法；（4）师生角色观，即在英语教与学的活动中，教师和学生各自角色的信念，例如对课堂教学活动中，是应该以教师为中心还是以学生为中心的看法，对教学活动中师生权利和地位的看法。以上四个维度都体现在每一次具体的课堂教学活动之中。如果放开视野，离开具体的课堂，还可以看到教学活动并非一次性和短暂的，而是长期的专业活动。对于英语教师来说，英语教学是一种职业。英语教师对这种职业的看法会体现在教学活动中的方方面面和各个步骤，因此教师信念还应该有第五个维度：（5）英语教学专业观，即关于英语教学这种职业的看法，例如对英语教学是对知识和能力要求普通的一般性职业活动还是高素质人士从事的专业活动的看法，对教学活动的态度应该是孜孜以求、兢兢业业还是随随便便、勉强完成即可的看法。

关于教师信念的五个核心构成维度是以教学活动为中心，本着使教师信念结构系统化和简洁化的原则提出的。笔者认为，为了使教师信念结构系统化和简洁化，有必要尽可能减少非关键的维度，同时尽可能最大化每一个维度的涵盖范围。下面尝试使用本文提出的五个维度的教师信念结构系统分析上文所列出的不同学者的分类及其维度，并以此论证这五个维度的充分性和必要性。

Burns（1992）所发现的六种核心信念中，第（1）种是关于语言本质的信念，属于语言观。第（2）种“关于口语和书面语关系的信念”涉及的实际是在教学活动中，应该先行发展口语还是书面语的问题，这是一个教学取向的问题，应该属于教学观。第（3）种属于学习观。第（4）种“关于学习者、学习者能力及英语学习能力的信念”应该分为两部分来看，其中“关于学习者的信念”属于学生角色观，“关于学习者能力及英语学习能力的信念”与教学（教授）密切相关，因为教师应该根据学习者的能力去选择教学内容的难度和量，并采用适于学生能力的教学活动，因此这部分信念属于教学观。第（5）种是关于语言教师在课堂中作用的信念，属于教师角色观。

Calderhead（1996）分类中的第（1）种“关于学习者和学习的信念”分属两个维度：学生角色观和学习观。第（2）种是教学观。第（3）种“关于课程科目的信念”涉及的是关于教学内容的信念，因此也属于教学观。第（4）种“关于学习教学的信念”涉及教师对待教学的态度，是将教学看作需要不断学习的职业还是不需要学习的简单行业，属于职业观。第（5）种属于教师角色观。

Richards（2000）所讨论的具体信念可以分别归入本文提出的五个维度之中。教师关于不同教学取向的信念属于教学信念，东西方学生关于语言学习的信念属于学习信念，教师—课程—学生三种不同课堂中心的信念属于教学信念。

Richards &. Lockhart（2000）所区分的五个类别中有四个与本文的提法一致，第（1）种属语言观，第（2）种属学习观，第（3）种属教学观，第（5）种属职业观。第（4）种“关于课程或教学项目的信念”涉及教学内容，可以归入教学观。

Williams &. Burden（2000）所论述教师信念的三个方面分属两个维度：第（1）和（3）种属于师生角色观，第（2）种属于学习观。

刘桦（2004）的分类比较详细，其中有些类别可以合并。第（1）种“教师专业化信念”属于职业观。第（2）种“教师信念”实际上是指教师的角色，它可以和第（7）种合并入师生角色观。第（3）和（5）种分属教学观和语言观。第（4）种“课堂信念”是关于教学活动的信念，第（6）种“教学计划和课程信念”是关于教学进度安排和教学内容的信念，它们都可以归入教学信念。第（8）种属于学习信念。

刘莉和杨艳芳（2008）所区分的三类研究所涉及的信念较为庞杂，且各类之间有较大的交叉性。其“学习者”信念属于学生角色观；“学科信念”是具体化到学科和课程的有关教学内容的信念，应该属于教学观；“自我信念”属于教师角色观；“对教育问题的基本认识”的提法非常笼统和模糊，如果将其具体化到英语学科，那么它可能涉及各个方面；“教育目标的信念”具体化到英语学科后，涉及英语教学的目标，属于教学观；关于“教师效能感”和“教师归因风格”这两种信念，本文认为，它们本身并不是教师信念的构成元素，而是影响教师信念的因素；“对学生控制的信念”属于师生角色观；“与工作压力有关的信念”与教师职业有关，属于职业观。王慧霞（2008）概括的六个方面的信念中，“教师效能”和“自我效能”都是影响信念的因素，而不是教师信念本身的构成元素；“知识的本质”具体化到英语学科后，指英语知识的本质，属于语言观；“激发行为的原因”包含的范围较大，我们可以粗略将其等同于信念的全部，而不是信念的某一个维度；“自我觉知”和“自我价值”涉及自身定位，属于教师角色观。

根据上文以教学活动为中心对教师信念结构维度的推理，以及与国内外学者对教师信念的分类和界定的相互印证，我们提出英语教师信念的核心结构维度包含五个方面（见图2－2）。

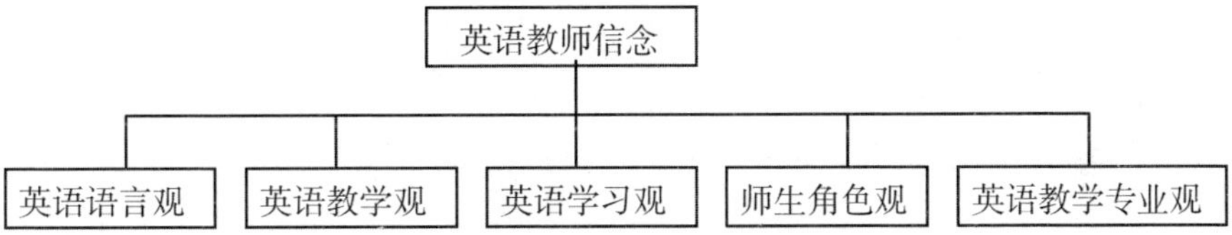

图3－2　英语教师信念的核心结构维度

3.3　英语语言观

英语在不同人眼中是不同的存在。对于一些人来说，它就像汉语、日语一样，只是人类的一种自然语言，没有更多的想法；对于另一些人来说，它除了是一种语言以外，同时还体现着特有的性质，例如有人将它看作在商业贸易中赚钱的工具，有人将它看作是阅读文献，思维活动的工具，有人将它看作一种社会存在。对于英语教师来说，英语不仅应该被看作工作的工具，对英语还应该有更深入的看法——关于语言本质的看法。教师对作为人类的一种自然语言的英语的本质的看法就是他们的英语语言观。英语是英语教师教学活动的对象，对它的不同的看法会影响到教学活动的目的、态度、方法、步骤等方方面面。持有不同语言观的教师对英语教学活动的处理方式是不同的。本节以语言理论的发展历史为序，从语言教学的角度总结分析不同语言观的涵义。

语言工具观产生于十八世纪以前的语文学时期。当时社会的经济文化发展水平相对较低，人们对语言的认识水平还比较有限，对语言本质的看法只能是基于最直观的观察和思考，因此语言被看作是工具。语言的工具性体现在三个方面：其一，充当日常交际的工具；其二，阅读古代经典文学，并对其进行研究的工具；其三，进行哲学探讨的思维工具。将语言的本质解释为工具的观点虽然受到语言哲学学者（如钱冠连2001）和外语教学学者（如李慧2001）的质疑和批判，但是它直观而朴素，容易被人们所理解和接受。

语言生物机体观是十九世纪兴起的历史比较语言学家的观点。语言生物机体观认为语言是一种自然的有机体。历史比较语言学家们主张将语言当作是一种自然界的物体，应该采用自然科学的方法研究语言。十九世纪，达尔文的进化论思想深刻地影响着各类科学研究，关于语言的研究也同样受到进化论的影响。历史比较语言学的研究目标是通过对不同语言的比较，建立语言族系，并对各族系的原型语言做出假设。这种研究目标正是将语言看作是处于一整套种属分类关系之中的生物体的语言观的体现。语言生物体观体现在几个方面：其一，正如任何物种一样，语言也是历史发展到一定阶段才出现的；其二，语言在发展过程中，也像一种生物一样变化、进化；其三，在发展中，语言与生物一样，形成谱系；其四，语言和语言族系，如同各种物种一样为生存而战，也会消亡（袁晓红和刘桂玲 2008）。袁晓红和刘桂玲指出，语言的这种生物机体性不仅体现在历史比较语言学的观点中，结构主义语言学中将语言看作各组成部分一起协同运作的整体系统同生物学中的解剖学有类似之处，转换生成语言学中直接将语言看作具有遗传性的生物机能，这些都带有语言生物体观的痕迹。

语言系统结构观是二十世纪初兴起的结构主义语言学的观点。结构主义语言学的鼻祖 Saussure 认为语言是一个表达观念的符号系统，语言符号相互依赖、相互制约形成结构，进而形成各种子系统，例如语音系统、语法系统，这些子系统相互关联和交叉，共同形成语言系统。语言系统结构观在教学上的表现就是重视规则和结构，强调学习者对规则结构系统的掌握，但是它对语言的意义有所忽视。

语言天赋能力观是二十世纪五十年代兴起的转换生成语言学的观点。转换生成语言学的创始人 Chomsky 认为语言是天赋的、具有生物遗传基础的、独立于人的其他认知能力之外的一种特殊能力。人出生时脑中就存在着一种语言习得机制，这种机制由抽象的普遍语法构成。转换生成语言学发展到后期的生成语言学认为，语言由普遍语法和词库两部分构成。自然语言由一组统一的抽象的代数性规则组成，这些规则本身没有意义，各组成成分的意义对这些规则也没有什么影响，它是语言能力的核心部分，即普遍语法；词库包含有意义的语言成分，充当规则的变体（刘正光 2009）。Pinker 认为，儿童习得语言由两个机制完成：1）语言中的所有词汇、习语、非常规构式等通过记忆等方式习得；2）联结机制将正在习得的语言中的核心结构部分与抽象的普遍语法联系起来（转引自刘正光 2009）。生成语言学的天赋能力观主要是用来解释儿童的母语习得，但是它对外语教学也有启示。如果按照 Pinker 两个语言习得机制的理论，假设普遍语法的作用不受所谓关键期的限制，那么，外语教学活动的作用就在于两个方面，一是帮助学习者通过记忆的方式习得词汇、习语和非常规构式，二是通过激发联接机制的功能，促成自然语言的核心结构部分与普遍语法的转换或者联接。

语言社会现象观在二十世纪五六十年代成为社会语言学的核心观点。这种观点的主张是：语言是一种社会现象，语言伴随着人类社会的形成而产生，而且随着社会生活的变化而发展（陈原 2000：9）。王远新（2005）将这种社会现象观解释为语言是一个异质有序的结构系统，这个系统内存在着错综复杂的变异形式，这些变异形式沿着一定的方向发展。语言的社会现象观关注实际生活中活的语言，强调它们的社会功能，强调它们的结构和使用同社会现象之间的相互影响和制约的关系。对语言体现出来的权利、机构话语、批评话语等展开的研究都属于语言社会现象观导向下的社会语言学研究。如果语言教师认同语言的社会现象观，那么在他们的教学活动中，就应该强调语言的社会功能，强调语言的用法，帮助学生将不同的语言同它们的社会功能特点联系起来。

语言认知能力观是二十世纪八十年代兴起的认知语言学的核心观点。它的中心思想是语言是人类的认知能力，是人类普遍认知能力中的一种，它与其他认知能力密切相关。基于此，认知语言学认为语言不是封闭、自足的系统，而是具有开放性和依赖性的；人的语言能力并不是天生就有的，而是在生理基础和社会语言文化环境的相互作用中，通过对世界的体验、感知和概念化的过程中，同其他的认知能力一起逐渐形成的。语言能力是一个结构有序的由有意义的语言构式组成的清单库（侯丽红 2004）。语言能力在与社会、文化、心理、交际和功能的相互作用中形成，同时也在它们之间的相互作用中运用。在语言能力的习得机制方面，认知能力观认为人的语言能力全部通过社会认知的机制获得，认知机制贯穿在意图识别与文化学习、类比与结构映射、结构合并三个过程之中。意图识别与文化学习指学习者通过模仿带有目的和功能、体现着社会文化的语言使用的方式，在对社会文化的认知过程中，发展自己的语言和其他认知能力。类比与结构映射指人类在感知功能特征的基础上发现物体、关系和事件之间的相似性。学习者在语言学习的初期很少进行语言抽象，语法抽象能力是后来通过类比和结构映射逐渐发展起来的。结构合并是学习者逐渐习得抽象结构的机制，通过结构合并，语言学习者将不同发展阶段学到的数量不等、复杂程度不一的结构合并起来，形成抽象的结构或规则（Tomasello 2000）。在语言能力习得方式方面，认知能力观认为学习者以构式（即具体语言项目）为具体语言单位整体习得，同时习得语言的形式、意义和功能，在习得整个构式之后，逐渐掌握构式中各构成成分独自的意义和功能。如果一位教师认同语言的认知能力观，那么他在教学活动中就会强调在互动之中学习语言，就会强调对构式的整体教学和习得，就会理解由于个体之间认知能力的差异，不同学习者语言学习的效率存在差异是很正常的情况。

语言的意义功能观是系统功能语言学的核心观点。系统功能语言学实际上是从社会语言学的立场对语言进行研究，因为它在当代语言学界、特别是中国语言学界的重大影响，我们在此将其从社会语言学中单列出来进行讨论。语言的意义功能观认为语言的本质是一个语义系统网络，通过三大元功能，即概念功能、人际功能和语篇功能提供意义潜式。在三大元功能中，概念功能体现话语范围，与及物系统相联系；人际功能体现话语基调，与语气系统和情态系统相联系；语篇功能体现话语意义表达的连贯，与信息结构和主谓结构相联系。系统功能语言学者认为语言是社会活动的产物，社会决定了语言的结构。系统功能语言学强调语言的功能实际上就是将语言看成是交际的手段，它强调语言的工具性（高丽佳，戴卫平 2008）。系统功能语言学的语言意义功能观对外语教学的意义和社会语言学的语言社会现象观基本一致，它强调在语言教学中应该重点关注对语言意义的习得、强调语言意义在社会交际中所起的功能。

上文总结和分析了七种语言观的基本涵义，解释了它们与各历史时期兴起的语言学理论的关系，提出了它们在语言教学中可能的体现方式。这七种语言观分别是语言工具观、语言生物机体观、语言系统结构观、语言天赋能力观、语言社会现象观、语言认知能力观和语言意义功能观。

3.4 英语教学观

3.4.1 英语教学观的构成

英语教学是一项非常个人化的活动，关于何种教学是有效教学、英语教学目标究竟应该是什么、应该使用何种教学方法等问题，不同的教师有着各自的看法，这些看法就是他们对于教学的信念。简单地说，英语教师的教学观就是他们关于英语教学应该“教什么”和“怎样教”的问题的看法。

英语教师的教学观（教的方面）究竟由哪些方面构成？从国内外相关文献来看，较少有学者进行系统性的研究，笔者将现有英语教师教学信念相关研究归纳为三个方面：第一，关于英语课堂中心的信念，这是课堂教学活动应该以教师为中心还是以学生为中心的问题，此类研究如 Garrett（2008）、Kember（1997）、Trigwell，Prosser &. Waterhouse（1999）、陈红（2009）；第二，关于英语教学方法的信念，这是课堂教学中应该采取何种教学法，或者说何种教学法最有效的问题，此类研究如 Bell（2007）、Harrington 和 Hertel（2000）、Horwitz（1985）、Snider 和 Roehl（2007）、陈红（2009）、陈红和郭春宁（2009）、陈文存（2005）、刘桦（2004）、王红艳和解芳（2009）、郑新民（2005）；第三，关于英语教学目标的信念，这是课堂教学活动应该围绕着何种目标进行的问题，此类研究如 Bateman（2008）、Johnson（1992）、Knudson（1998）、陈红（2009）、陈文存（2005）。

虽然教师的教学信念可以从这三个方面去考察，但是这三个方面实际上是互相关联一致的，三者之中尤以教学目标最为重要。此处所说的教学目标，指的是宏观的英语教学目标，即英语教学究竟为了帮助学生学会什么，Johnson（1992）将教学目标归纳为三种：帮助学生掌握语言技能；帮助学生掌握语言规则；帮助学生掌握语言功能。教学目标是全部教学活动的中枢，它指导着教学活动的具体开展。不同的教学目标要求使用不同的教学方法，而每一种教学方法都有各自的体系，对于课堂的中心、课堂管理方式、教学活动的形式、教学内容、教学材料的选取等方面都有着一致性的要求。基于此，上述文献中有些学者提出的关于教学活动方式、教材等的信念可以归入教学方法方面。下面对教学信念的这三个方面进行具体讨论。

3.4.2 关于英语课堂教学中心的信念

Kember（1997）比较系统地探讨了课堂教学中心的问题。他将教学观分为五种：第一种，教学是教师向学生传送信息；第二种，教学是教师向学生传递知识；第三种，教学是师生互动；第四种，教学是帮助学生理解；第五种，教学是改变学生的观念。这五种教学观之中，前面两种强调以教师为中心，最后两种强调以学生为中心，第三种是两者的结合或过渡。Kember 将五种教学观与课堂中心结合表示为图 2 - 3。

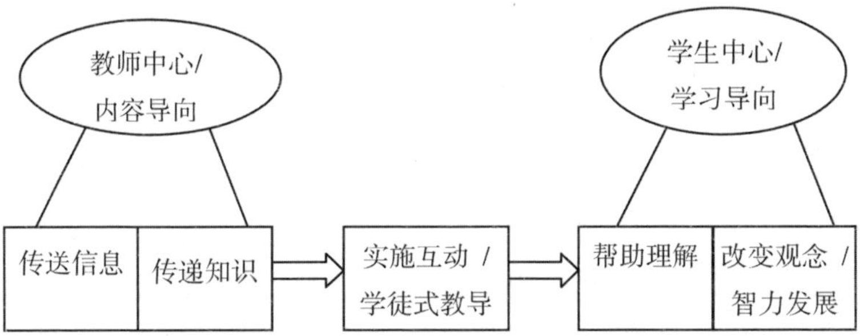

图 2－3　教学观多层分类模型

注：图 2－3 根据 Kember 1997 编译

传送信息观是最典型的以教师为中心的教学信念。课堂的焦点是教师和教师的知识，学生仅仅是一个信息接收的容器，所传递的信息由课程决定。传递知识观仍然是以教师为中心的教学信念。与传递信息观所不同的是，它重视对知识的组织和安排。教师是知识的传递者，学生是知识的接收者，教学被看作是向学生传送经过了一定组织安排的信息。师生互动观承认教师和学生双方的作用。教师既是知识的传授者，还是导师（tutor）。教学是一个互动的过程，学生是参与者。教学内容由教师确定，知识由学生在互动之中，在教师规定的范围内发现。帮助理解观是以学生为中心的教学信念。教师被看作是帮助者，其职责是确认和敦促学生学习。教学被看作是帮助学生学习的过程。教学内容由学生在教师确定的范围内组织，知识由学生自主建构。改变观念观是最典型的以学生为中心的教学信念。教师是帮助学生改变观念的媒介或观念的开发者，其职责是确认和敦促学生观念的改变和发展。教学被看作是学生及其观念发展的过程。教学内容由学生建构，知识是在对真实的社会思想、观念、事件等的分析、讨论、运用的过程中建构。

Richards，Ho 和 Giblin（1996：242～159）的研究表明所有教师的教学信念均涉及课堂以什么为中心的问题。他们将受访教师们的信念分为三类：以教师为中心、以课程为中心和以学习者为中心。以教师为中心的观念将教师看作是课堂教学活动的关键因素，它关注教师的课堂管理、教师的解释、教师的提问技巧、教师的形象、音质音量、言行举止等，课堂教学被看作是教师的表演。以课程为中心的观念将课程看作是课堂教学活动的关键因素，它关注课程的目标、结构、衔接，教学材料、任务类型、课程的顺利发展和推进。以课程为中心的教学观将每一节课都看作是整个课程中的一段。以学生为中心的观念将学生的收获看作是课堂教学的关键因素，它关注学生的参与、兴趣和教学产出，教学的成败以它对学生产生的效果为标准衡量。

本文认为，从教学活动的参与者来看，课堂教学的主体只有两种可能，一为教师，二为学生。在同一个课堂活动中，两者都成为主体，都成为课堂的中心，这在实践上是不太可能行得通的。以课程为中心仍然涉及在教学活动中教师和学生谁是控制力量的问题，因为控制的总会是有能动性的人而不会是无能动性的课程。因此，结合以上的文献，本文认为教师对课堂中心的教学信念只有两种：第一种是以教师为中心，第二种是以学生为中心。

3.4.3 关于英语教学方法的信念

英语教学方法多种多样，二十世纪中期以前的代表性教学法有语法翻译法和直接法，二十世纪中期兴起了听说/视听法，二十世纪中后期产生了认知法和交际法，以及受它们影响而产生的沉默法、暗示法、社区语言学习法，到二十世纪后期又产生了沉浸法、整体教学法、基于内容的教学法等。每一种教学法都为特定的外语教学目标服务，都有其特点，都有其长处和不足。虽然这些教学法的出现有先后顺序，但是教师并不总是使用最新的，而是在已经出现的教学法中进行选择和改良，甚至自己将这些教法都弃之不用，只是按照自己的想法进行教学。教师对不同教法的选择体现着他们不同的教学观。下文我们以 Richards & Rodgers（2008）的论述为线索，概述语法翻译法、听说/视听法和交际法三种影响较大的教学法流派的主要特点。

语法翻译法是外语教学历史上使用最广泛的方法之一，直到现在仍然有不少教师在使用它。它的教学目标是培养学生阅读经典著作等外语范文和模仿范文进行写作的能力。为达到此目标，教师系统传授、学生全盘接受外语语言知识。主要的教学方法为讲解与分析句子成分和语音、词汇变化与语法规则。词汇教学多采用同义词与反义词对比和例句示范法；讲解与分析语法基本上采用演绎法，即教师给出规则和结论，要求学生记忆和用规则解释课文。课堂管理采用教师权威模式，教学是教师向学生灌输知识的单向行为。学生很少提问，学生之间交流更少。教学材料重视书面语言，较少使用口语。在听、说、读、写四技能中，重视读写，轻视听说。课堂用语大部分是母语。通过翻译检查教学质量。练习方式有单句填空、造句、背诵课文和作文等。

听说法/视听法在第二次世界大战期间兴起。它以培养学生外语听说读写的实践能力，尤其是听说的能力作为教学目标。听说法视口语为第一性，书面语为第二性。听说法的倡导者也认为，体现口语的听说能力的培养应优先于使用书面语的读写能力的培养。因此，听说法有时也称“听说领先法”。听说法认为外语学习是通过“刺激→反应”而形成习惯的过程。课堂上除了教师尽量用外语上课外，还大量使用录音、录像和电化教具作为刺激手段，并采取模仿和机械操练等方法强化学生的反应，巩固所学内容。课堂活动中，学生通过做大量快速反应操练来习得句型。主张听说法的教材一般都根据语法和句子结构系统列举外语句型。听说法不容许学生犯语言错误，有错必纠。纠错的方法是对比分析，将正确与错误的语言项目进行详尽的比较，然后让学生进行操练以习得正确的语言结构。

交际法诞生于二十世纪七十年代，是一系列具体教学法的统称。它认为外语教学的目标是培养学生的交际能力，包括以语法知识为基础的语言能力、以得体为标准的语言交际功能和以交际为目的的交际策略。交际法强调以学生为主体。在进行教学活动前，必须先调查学生的需要。在教学中根据学生的需要给予大量的语言信息，并在每一个环节都让学生充分理解与积极参与。教学大纲采用意念—功能大纲，教学材料强调使用自然、地道和真实的原文，通常是从各种书籍与报纸杂志节选的文章或电影、电视或电台报道片段等。由于交际法鼓励学生在实际生活中学习使用语言，他们的错误被视为学习过程中出现的自然现象而无需指责。交际法的具体方法十分多样，其基本精神是开展教师与学生之间有意义的对话或讨论。课堂活动经常采取结对会话、分组活动和全班讨论的形式。教师所设计的用于语言学习的情景要求尽量真实。交际法不鼓励专门的语法教学，主张在语言交际的练习过程中自动习得语法规则。

从语法翻译法开始一直到现在的众多教学法，是一个随着语言学、心理学、社会学、外语教学等众多学科理论的发展而逐渐发展的过程。不同方法虽然强调的重点各不相同，但是它们都涉及共同的元素，例如，教师的作用，学生的角色，语言获得的发生、教学材料的使用、教学策略的运用。众多方法的发展历程也呈现出一些趋势性的特点，例如学习者在教学中的地位不断得到加强，外语教学越来越以学生为本，语言学习与社会联系越来越紧密，外语学习与其他学科知识的学习结合越来越紧密。

Horwitz（1985）根据其多年的教学经验和调查研究，将教师教学方法方面的信念归纳为三个方面：第一，关于激发学生学习的方法信念；第二，关于师生交流方面的方法信念；第三，关于教学策略方面的方法信念。激发学生学习的信念包括教师关于学生对外语和外语学习的态度、学生外语学习的动机、教学材料、学生自主、外语的用途等方面的信念。师生交流的信念包括关于语言熟练的理解、语言准确规范性的理解、对待学生语言错误态度的信念。教学策略的信念包括关于外语学习环境、课堂活动形式、外语教学相对于其他学科教学的独特性、四种语言技能重要顺序的信念。为了考察教师关于教学方法的信念，Horwitz（1985）在 De Garcia，Reynolds 和 Savignon（1974）的基础上编制了《外语态度量表》，该量表考察外语教师对于语法翻译法、听说/视听法、交际法三种使用较广泛，且为教师所熟悉的教学法的信念（Chiou 2004：44）。

3.4.4 关于英语教学目标的信念

关于英语教学目标，不同的语言学理论有着不一样的描述。传统语文学时期外语教学的目标是培养学习者阅读和翻译古籍文献的能力，转换生成语言学认为外语教学的目标应该是培养学习者的语言能力，而社会语言学，包括系统功能语言学则认为外语教学的目标是培养学习者的交际能力。

Richards（2002）从历史发展的角度讨论了英语教学目标随着社会发展而发生的变化。三十年前，英语被看作是英语国家，主要是富有和发达的英国和美国文化的载体，英语语言和英美文化是紧紧联系在一起的。最好的教师应该是熟悉和了解英美文化的英语本族语者。现在，随着全球化的发展，英语已经成为了一种国际化语言，英语不再被看作是英美国家文化的载体，而是一种国际商品。英语语言与英美国家的文化已经脱离开来，不再承担体现英美国家的文化和价值观念的认为，人们认为最好的教师也不一定必须是熟悉英美国家文化的本族语者。在这种历史背景下，三十年前，英语学习的目标被认为是学会英美人的语言和文化，包括标准的英式或美式语音语调。现在，英语教学和学习者本国本民族的文化价值观念联系在一起。受母语影响的不地道的英语语音语调，与地道的英式和美式语音语调一样，都为人们所接受。英语教学不再追求地道完美的语音语调，不再追求英美人士的流利程度，可理解性被确定为教学目标。

Richards（2002）所讨论的是英语语言与英美文化之间联系的变化，以及由此导致的英语教学中对语音语调的纯正和表达的流利程度方面标准的标签。它在某些方面反映着英语教学目标的变化，但是这种对英语教学目标的描述并不全面，因为英语教学并不仅仅局限于语音语调和表达的流利性。Johnson（1992）将英语教学的取向分为三类：技能型（skill – based）、规则型（rule –

based）和功能型（function - based）。这三种取向表示三种不同的教学目标：第一种，以帮助学生掌握英语语言技能为目标的教学；第二种，以帮助学生掌握英语语言规则为目标的教学；第三种，以帮助学生掌握英语语言功能为目标的教学。

有关第二语言教学研究的综述表明在对语言学习的发生进行解释的理论中，有三种对第二语言教学产生了影响：经验论、唯理论和交际论（Johnson 1992a）。经验论者，如 Bloomfield，Lado，Rivers 等人将语言学习看作是习惯形成的机械过程。语言习惯通过对于目的语（如英语）的习惯性条件反射形成。这种解释应用在英语教学上就形成了技能型教学。理性论者，如 Ausubel，Carroll 等人认为语言学习是一种内化的能力。这种能力使学习者将由复杂语法结构构成的语言系统与特定语境中有意义的交际联系起来。这种解释应用在英语教学上就形成了规则型教学。交际论者，如 Halliday，Hymes，Widdowson 等人将语言学习置于互动的社会情景之中，学习者必须成为真实情景中的参与者。交际论形成了二语教学上的功能型教学。

三种有着不同目标的教学取向有着不同的特点。技能型教学强调通过对本族语者语言的模仿、记忆和重复来形成英语习惯，并通过大量反复的机械性操练和练习帮助学生将已学会的习惯（句型、结构）等灵活运用。典型的教学活动有对话、句型操练和发音练习，并明确地将英语教学区分为听、说、读、写四种技能进行教学。技能型教学重视学生的正确发音和口头交际，但是它对学习结果的考评方式却是考查学生是否能通过口头和书面两个方面表达出地道的语言结构。规则型教学将语言学习看作是规则主导下的创造性活动，将语言学习的各方面看作是联系在一起的整体。教学活动中包括对语法规则的详细解释，强调学生对这些所学规则的创造性运用。规则型教学对学习结果的考评方式是检测学生将其对语言规则的理解应用于有意义的语境的能力。功能型教学关注真实的社会情境之中的语言使用，强调通过正确语言形式进行的有意义交际。在教学活动中，它使用真实的语言材料，强调互动交际和合作学习。学习结果考评的方式是考查学生在真实社会环境中行使语言功能的能力。

3.5 英语学习观

所谓语言学习观，简单地说就是关于英语学习究竟应该“学什么”和

“如何学”两个问题的看法。

3.5.1 教育心理学视角下的学习观

行为主义心理学将语言看作是习惯，而将学习看作是一个习惯形成的过程，习惯的形成依靠刺激、反应和强化过程的循环重复。语言学习任务按照一定的顺序分成不同的步骤。在学习过程中，语言材料（例如一种句型），被用作刺激提供给学生，学生对这个刺激产生反应（如重复或替换），如果学生的反应完全正确，教师再继续强化学生的正确反应。在行为主义理论基础上形成的听说法所强调的主要学习活动都是反应和强化的方式，如句型操练、对话背诵，句子结构齐声朗诵。语法规则只是在语言习惯形成之后再行解释。

认知心理学关注学习发生的心理过程，关注记忆的形成、使用和在学习过程中所起的作用。由于关注焦点的不同，认知心理学形成对学习的两种理论解释：信息加工理论和建构主义理论。信息加工理论将人的大脑比作高度复杂的计算机，将人类的学习解释成类似于计算机的基于模型和规则进行的运算。信息加工理论注重“注意”和“记忆”这两种心理机制。一种解释认为注意就是对海量信息进行过滤，挑选出那些对于进一步处理最重要的信息进行加工的过程；另一种解释认为注意是集中人们的智力活动的机制。注意相关的理论对于学习的启示是：在学习过程中，学习者应该挑选最重要或最相关的信息进行处理。例如在英语听力练习中，学习者应该学会集中注意力关注关键的信息点。记忆被区分为瞬间记忆、短时记忆和长期记忆三类，它对语言学习的启示是在学习过程中应该合理安排新知识的学习和旧知识的复习，使学习者的语言知识滚动发展，不断积累。建构主义理论关注人们认识世界的方式，Piaget 将学习解释为同化和调节的过程，Bruner 认为教育的目标是发展概念理解和认知技能和策略，Kelly 提出在个人建构中，每个人都是一个科学家。建构主义对语言学习的启示有三个方面：（1）学生不是知识的接受者，而是意义的积极建构者，通俗地说，语言不是教会的，而是学会的。（2）思想发展及其与语言和经历的关系构成学习的核心。因此，理解是比记忆更好的学习方法。（3）语言学习材料和任务应该和学生的认知水平一致。（4）语言学习是一个逐渐发展的过程，“过渡语”（interlanguage）的不断重塑发展是一个长期的过程（Williams & Burden 2000：13～29）。

人文主义观强调学习者内心世界的重要性，它将个人的思想、感觉和情感置于人类发展的最前沿。它对于学习的启示有三点：第一点，任何学习过程都应该将其置于帮助学生发展个人身份感的环境之中，并且将其与未来的现实目标联系起来；第二点，为了个人的自我实现，在学习中，应该鼓励和帮助学生自己选择学什么和如何学；第三点，教师应该了解和理解学生个体认知世界的方式，而不是将自己的观点强加于学生身上（Williams & Burden 2000：30 ~ 38）。

社会互动观认为人们生活在一个社会化的世界，学习在与他人的互动之中发生。Vygotsky 认同整体学习观，他认为学习是整体发生的，所学习的内容无法分解成各个组成成分进行教学。人们的学习总是朝向距离现有知识或技能水平高一点点的区域发展，这个区域称为“最近发展区”。Feuerstein 认为人的认知结构处于无限修改和塑造的过程之中（Williams & Burden 2000：38 ~ 42）。社会互动观对外语学习的启示为语言是在与他人有意义的互动之中、在使用之中学会的。

社会建构主义强调教师、学生和任务之间相互作用的动态特征，将学习看作是学习者与其他因素互动的结果。除了教师、学习者和任务外，影响学习过程的还有环境因素。这四种因素共同构成一个动态发展的过程。在这个过程中，教师根据他们的信念选择学习任务，学习者按照对他们有意义的方式来解读任务，如此，学习任务就成为了教师和学习者之间的接口。教师和学习者之间也存在互动：教师的课堂行为方式反映他们的价值观和信念，学习者对教师的反应方式受到他们自己的个人特点以及教师带给他们的感觉的影响。此外，环境因素对发生在其内的学习者、教师和任务之间的学习活动起着制约的作用。Williams 和 Burden 将这种四因素相互作用的学习过程表示为图 2 - 4。

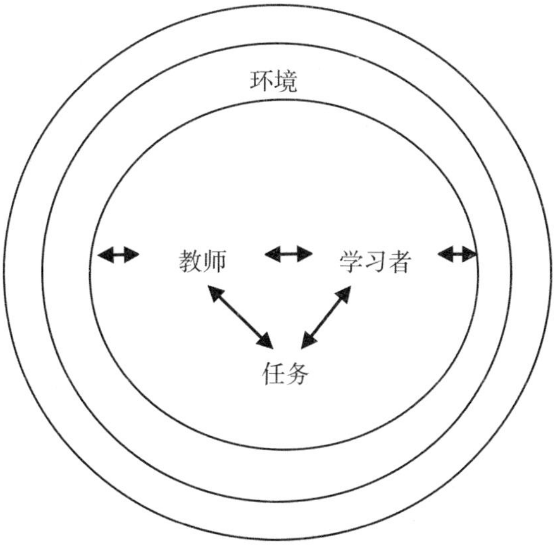

图 2 –4　教学过程的社会建构主义模型

注：图 2 –4 编译自 Williams & Burden 2000：43

3. 5. 2　英语学习观研究

在外语教师信念研究领域，Horwitz（1985）用她设计的《语言学习信念量表》（BALLI，Beliefs About Language Learning Inventory）开创了系统研究教师关于外语学习信念的先河。她对参加教师教育培训课程的学员进行了多年的调查，在此基础上将教师关于外语学习的信念概括为四个方面：（1）关于外语学习天赋的信念；（2）关于外语学习困难的信念；（3）关于外语学习本质特点的信念；（4）关于外语学习方法和策略的信念。在其后续对大学外语专业新生外语学习信念的研究中（Horwitz 1988）又扩展了一个方面，即（5）关于外语学习动机和期望的信念。Horwitz（1999）对利用 BALLI 研究教师和学生外语学习信念的主要研究作了回顾和总结，文中的综述体现了她关于外语学习信念的系列研究对后来相关研究的重大影响，并且证明了 BALLI 的有效性。

Freeman（1992：1 ~ 21）提出学习信念就是对以下问题的看法：怎样定义学习？学习语言最好的方法是什么？什么形式的语言输入最有利于学习？什么类别的学生学得最好？鼓励学生养成何种学习风格，使用何种学习策略？期望学生在课堂教学中充当什么样的角色？

Gow &. Kember（1993）综述了与教师学习观相关的研究。他们将学习观总结为六种：（1）学习是知识量的增加；（2）学习是记忆；（3）学习是获取事实或可用于实践操作的流程；（4）学习是对意义的抽象；（5）学习是理解现实和解释现实的过程；（6）学习是个人变化发展的形式。这六种学习观中，前三种可以归入“知识再现”的思路，后三种可以归入“意义建构”的思路，当然，两种思路并不是截然分开的，它们会相互交叉和重叠。大多数外语教学法包括了以上六种学习观中的多种，而不同的学习观则会衍生不同的教学活动安排。

Yang（1999）使用BALLI调查了台湾地区六所大学学生的英语学习情况。通过主成分分析法和因子分析，根据因子负荷，她将学生的英语学习信念归纳为四个方面：自我效能和期望；英语口语学习的价值和本质特点；外语天赋；正式的、结构性的学习。在Yang（1999）的分析中，BALLI中的某些被Horwitz归纳为属于“外语天赋”的题项所负荷的因子并不是外语天赋，而是别的因子。这说明，不同的样本（接受调查的教师或学生）可能有着不同的信念结构。

Richards &. Lockhart（2000：34～35）重点关注了教师的学习信念与学生的学习信念不一致的问题。他们指出，教师和学生学习信念不一致的问题一定要得到解决。他们认为解决办法之一是向教师信念靠拢，即向学生说明隐含在教师所设计的课堂活动之中的信念，办法之二是向学生信念靠拢，教师设计课堂活动时应该充分考虑学生的信念和期望。

Williams &. Burden（2000：56～64）从社会建构主义的观点出发，提出有价值的语言学习具有以下特点：是一个负责的过程；能引起某种个人变化；能带来与个人相关的新的领悟；能以多种不同形式表现；总是受到发生在其中的环境的影响；产生于社会互动；通常需要媒介才能发生；因学习者的不同而有差异；不仅是一个认知过程，还是一个情感过程；与人们对自己的感觉联系在一起；是一个终生的过程。

在L. Shulman的研究中，教师信念一般都作为教师知识的一部分进行讨论（如Shulman 1986，1987，2002）。Shulman（2004）从教师发展的角度专门论及了教师学习信念，包括教师学习的信念和教师的学习信念两类信念的发展和变化的机制。他指出对教师知识与信念的研究不仅要关注个体特性，还要关注教师的群体共性，并且提出了两者之间的关系。教师个体信念与群体共同信念之间在互动的过程之中相互影响，相互促进，共同发展。不同教师所持有的个体信念，通过共同的社区约定、共同的知识基础、共同的教学要求和规范、集体的教学反思等方式或途径，在所受的共同制约和互动之中，彼此之间互相吸收、相互改造，在这种长期相互影响的过程中，教师们的信念有着一种走向相同的趋势，这些趋同的信念形成教师共享的群体信念。

Cid, Granena &. Tragant（2009）专门探讨了外语教和学信念的量表问题，提出了三个外语学习目的的信念取向：专业或学术取向，即英语学习是为了将来的工作需要或学习需要；功能取向，即为了接触或使用电影、书籍和歌曲等以英语为载体文化产品的需要；人际交流取向，即为了和外国人交流的需要。

3.6 师生角色观

角色可以被定义为交际活动中各参与者所承担的职责（Richards 和 Lockhart 2000：97）。师生角色就是在教学活动中教师和学生双方各自承担的职责，这种职责体现着双方的地位、权利和义务。由于教学工作的性质，教师和学生的角色看起来简单：一方是教师角色，一方是学生角色，但是这两种角色的职责究竟是什么，仔细考察起来却是一个相当复杂的问题。教师对这个问题的不同看法形成他们各自不同的师生角色观。由于教师和学生的角色有着对应关系，确定了一方的角色，另一方的角色也就能够相应确定下来，因此本文主要从教师角色的角度讨论师生双方的角色。

Williams &. Burden 认为那种将教学看作是教师一个人站在教室前面向学生传送知识，而学生乐意并且能够接收和接受那些知识的看法是将极其复杂的教学活动的简单化。实际上，教学活动以及体现在其中的师生角色涉及教师的信念和行为、学生的个性、师生双方的文化背景和环境等多方面的因素，是一个非常复杂的多因素互动的活动。Williams &. Burden（2000：5～45）从教师心理学的角度，探讨了各种理论对语言教学活动的诠释，其中也包含对于师生角色的讨论。Richards &. Lockhart（2000：98）认为教师的角色是一种职业角色，其职责由学校和教学活动的本质特点确定，教师们根据所任教的学校类型和特点、所采用的教学方法、自身的人格特点和文化背景四个方面确定他们的角色。下文以教师角色为重点，具体讨论学校机构、教学方法和个人三种视角下的师生角色。

3.6.1 学校机构视角下的师生角色

不同级别和类型的教学机构，例如中学与大学、公立学校和私立学校、普通大学和培训机构等，由于它们的人才培养目标、教学设施条件、师资力量、学校文化、管理模式等方面背景情况的不同，对教师职责的要求也会不同，这就使得机构背景在一定程度上决定着教师的角色。

本文认为教师拥有两个层面的角色：第一个层面是学校或者院系层面的角色，这种角色是由学校或院系单位赋予的；第二个层面是课堂教学中的角色，这种角色是由课堂教学活动赋予的。机构视角下的教师角色，同时涉及两个层面的角色。由于机构背景的不同，在不同学校中，即使同为英语教师，他们第一层面的角色也可能是不同的，相应地，第二层面课堂教学中他们与学生的角色分工也不同。

在一些学校，教师的角色可能较多。Richards & Lockhart（2000：99~100）归纳了两个层面共八种角色：（1）需求分析者：教师按照一定的程序和方法确定学生个体的需求，并以此需求作为课程计划和开发的依据；（2）课程开发者：教师根据学生的需求设计和确定自己课程的计划和大纲；（3）材料准备者：教师准备自己课堂教学的材料，课本只是在有需要的时候选择性地使用；（4）咨询者：教师发现有问题或学习困难的个别同学，向他们提供针对性强的个人咨询；（5）导师：有经验的教师充当缺少教学经验教师的导师，帮助他们的业务发展。（6）小组成员：教师作为小组的一员与同校的其他教师一起进行教学工作，甚至是合作教学。（7）研究者：教师就外语教学中的实际问题，以解决问题为目的展开行动研究。（8）专业者：作为专业者，教师需要通过参加工作坊和研讨会、阅读专业书刊、参加专业组织等形式促进自己的专业发展。

在以上归纳的八种角色中，前面四种可以归入教师第二个层面的角色，后面四种属于第一个层面的角色。

3.6.2 教学方法视角下的师生角色

教学方法视角下的教师角色属于教师第二层面的角色，即课堂教学活动中的角色。不同的教学方法赋予师生的角色是不同的，外语教学法尤其如此。此处仅分析在后续问卷调查中所涉及的语法翻译法、听说法和交际法三种方法中教师和学生的角色。

语法翻译法是以教师为中心的方法。教师是教学内容的选择者，是教学进度的制定者和执行者，是语法规则的讲解者。学生是语法知识的被动接受者，识记和理解教师所传授的语法规则知识。课堂中，教师是权威，决定一切教学活动，学生听从教师的教导和安排。

听说法是以教师为主导的方法。教师是课堂教学活动的中心，起着积极的作用。他们为学生提供英语语言的范例，控制着学习的方向和节奏，监控学生的表现并及时纠正他们的语言错误，变换使用不同的语言操练方式以保持学生的注意力。教师在组织学生进行听说操练的同时，也参与学生的对话互动。学生被视为可以被训练技巧引导而进行正确反应的有机体，他们不参与对学习内容、节奏和方法的决策，只是对语言刺激进行反应，最终形成语言习惯。

交际法语言教学强调的是交际的过程，而不是对语言形式的掌握。教师的角色可以概括为五种：交际的协助者、小组活动的参与者、需求分析者、咨询者和小组活动管理者。交际的协助者指教师协调学生的交际活动，帮助他们交际的顺利进行。小组活动的参与者指教师作为一个与学生平等的个体，直接参与学生的小组活动，参与他们的交际。需求分析者指教师通过集体和个别交流发现学生的英语需求，并想办法满足这些需求。作为咨询者的教师在参与学生交际活动的过程中，通过解释、确认和反馈等方式，协调学习者的交际意图和听话者的理解。在交际法中，学生的主要角色是协商者，他们协商自身情况、学习过程和学习目标，并且在与教师和其他同学的互动活动中进行意义协商，在这种意义协商过程学习英语。

3.6.3 个人视角下的师生角色

虽然语言教师们大都接受过特定教学方法的训练，而且其所在的教学机构也可能要求他们使用某种教学法，但是在具体的教学实践中，教师们不一定都会完全遵照执行。大多数教师会根据具体的情景，对某种教学方法进行个人解释，将其用于解决教学问题；有的教师多种教法并用，取其能用者用之；还有教师认为教学之事，法无定法，教学方法是与教师个人密切相关的，他们会根据实际情况，从自己的经验和个人特点出发，采用有个性的办法解决教学问题。在课堂教学中，不同的教师，或多或少地都会根据自己对英语教、学的理解，采用自己认为最合适的活动形式，分配自己认为最恰当的师生角色。

个人视角下的教师角色不一定是所在的教学机构赋予的，也不一定与某种特定的教学法相联系。Richards & Lockhart（2000：105～106）概括了一些个人视角下教师给自己确定的角色，这些角色包括：（1）计划者：教学活动的计划和组织；（2）管理者：组织、管理课堂环境和学生行为，以便最大化学习效果；（3）质量控制者：保证学生课堂语言使用的质量，即时纠正学生的语言错误；（4）小组组织者：创造学生进行小组合作学习的环境；（5）帮助者：帮助学生发现自己的学习方式，以便独立学习；（6）助推者：帮助培养学生英语学习的信心和兴趣，创设能推动学生学习的课堂气氛；（7）授权者：授权给学生，让他们自己决定学习的内容和方式；（8）队员：作为普通的一员，在班集体活动和小组活动中与其他队员互动交流。

De Guerrero &. Villamil（2000）通过定性研究的方法，用隐喻的方法将教师的角色归纳为九种：合作领导者、知识提供者、挑战者、培养师、革新者、工具提供者、艺术家、修理工和体操教练。合作领导者指教师引导学生，帮助他们在互相信任的环境中达成学习目标。知识提供者指教师提供学生所需要的知识。挑战者指教师给学生设置有挑战性的任务，并以此推动学生的进步。培养师指教师培养和激发学生的潜能，使学生全面发展。革新者指教师跟上教学研究的发展，积极将新发现应用于教学。工具提供者指教师将语言提供给学生，以作为他们运用语言交际完成任务的工具。艺术家指教师同时也是一个有艺术的表演者，教学是需要艺术的活动。修理工指教师纠正学生的语言错误和不端正的学习态度。体操教练指教师将学生学习中的脑力活动当作是体操训练中的肌肉训练一样，不断训练、锻炼，提高学生的智力。

以上列举的这些教师角色并不是固定不变的。教师会根据不同的情景和不同的教学环境调整改变自己的角色。例如上列 Richards &. Lockhart（2000：105～106）总结的角色中，计划者角色应该在备课阶段，而其他的应该在课堂教学阶段。课堂教学中的诸角色教师会根据当时的需要即时选择和更换。无论教师将自己的角色定位成什么，它们一般都是围绕课堂组织管理，教师控制，课程、内容和计划，教学策略，学习激发技巧，学习评估策略这几个方面确定的。

3.7　英语教学专业观

英语教学究竟是一种普通职业还是一种高要求的专业？作为职业的英语教学和作为专业的英语教学究竟有什么区别？英语教师对待教学工作的态度是什

么？英语教师应该怎样进行专业发展？对这些问题的回答构成英语教师的专业观。

首先讨论职业与专业的区别问题。所谓专业是指一群人在从事一种需要专门技术的职业。它是一种需要特殊智力来培养和完成的职业，其目标在于提供专门性的服务（张民选 2005）。1933 年，Brandeis 提出了评判专业的标准：专业是一个正式的职业；为了从事这一职业，必要的岗前训练以智能为特征，包括知识和技能两个方面；专业的作用除了作为谋生的手段外，还是一种为他人服务的职业（转引自赵康 2000）。1948 年，美国教育学会确立了评判专业的八条标准：专业实践属于高度的心智活动；具有特殊的知识领域；受过专门的职业训练；经常不断的在职进修；视工作为终身从事的事业；行业内部自主制定规范标准；以服务社会为最高目标；设有健全的专业组织（National Education Association 1948：8）。张民选（2005：II）从七个方面对专业和职业进行了比较（见表 2－2）。

表 2－2　专业与职业的区别

专业	职业
工作实践以专门知识和专门技术为基础	工作实践以经验和技巧为基础
工作过程需要心智和判断力	工作过程以重复操作为特征
工作需要自主权	工作需要服从指挥
专业工作者需要接受高等教育，学习高深的学问和专门知识	一般从业人员通过学徒培训即可
工作需要不断更新知识、掌握新工具	工作中日益熟练和灵巧
从业资格不易获得	从业资格容易获得
服务社会	谋生手段

在专业标准逐渐建立的过程中和建立起来后的一段时间，关于教学是否是专业以及教师是否是专业人士引起了激烈的争论。1966 年，联合国教科文组织发表了一份名为《关于教师地位的建议》的文件，文中对教育工作和教师的要求做出了规定：教育工作应被视为一种专业；这种专业要求教师经过严格且持续不断的研究，才能获得并维持专业知识和专门技能，从而提供公共服务；教师对其教导学生的教育和福祉具有个人的和共同的责任感，都应在大学

或者相当于大学的培养机构或专门培养机构内，学习普通教育科目、专业教育科目和师范教育科目（转引自 张民选2005：III）。根据这份文件，教学基本符合专业的基本标准，教师的工作性质和要求也表现出基本的专业特征。从此，世界很多国家开始重视教师的发展，教师专业化开始了其发展道路。美国在二十世纪七八十年代就率先开始了教师专业化的进程，并于1983年发表了《国家在危险中：教育改革势在必行》。随后，英国也与1988年颁布了《教育改革法》。我国于1994年颁布了《中华人民共和国教师法》，该法明确规定："教师是履行教育教学职责的专业人员"。这是我国教育史上第一次以国家法律的形式明确教师的专业地位。1995年，我国又建立了教师资格证书制度，在教师专业化的发展道路上前进了一步。2011年印发的《国家中长期教育改革和发展规划纲要（2010~2020）》推进了教师专业化的发展。

在探讨英语教学是否是专业的问题时，Bailey，Curtis &. Nunan（2004：13~15）提出了专业的四个标准，并就英语教学是否具备专业资格问题进行了分析。他们提出成为一种专业至少需满足四个方面的条件：（1）从业人士必须接受高等教育和培训；（2）建立行业标准和从业资格认证制度；（3）公认的理论和经验基础；（4）从业人员热爱行业，是该行业的拥护者。

从业人士必须接受高级教育和培训实际上就是要求专业人士具备深厚的知识和必要的技能。对于英语教学来说，知识主要指英语语言知识，技能主要指英语语言技能和教学技能。行业标准一般与某种从业资格的认定相关。在中国，教师资格主要以考试的形式，由政府的教育委员会进行认定，考试合格的教师获得各级（大学、中小学）教师资格证，同时具备相应的任教资格。理论和经验等学科基础是将专业和一般职业区别开来的重要标准。一门专业既应该有实践经验，还应该有自己的理论体系。英语教学的理论基础包括理论和应用语言学、心理语言学、社会语言学、文学、认知科学和很多的其他学科理论的糅合，因此，如果将英语教学当作专业来看的话，它还缺少一个统一的理论基础。从业人员的宣传推广是一个专业能够存在和不断发展的重要条件。在中国，教育行业既有各级教委等官方组织，还有各类学会等民间组织，能够为教育教学提供国家财政支持和学术发展的途径。

按照Bailey，Curtis &. Nunan（2004）的观点，在中国，除了第三个条件尚在发展之中外，英语教育教学基本满足了作为专业的其他三个条件。而这第三个条件中的所谓统一的理论基础的缺乏，也可能正是语言教育专业的特点。

由于语言教育教学的复杂性，它必然涉及诸多学科，因此，它的专业理论基础就应该是不同学科理论的糅合。

作为一种专业的英语教学从业人员，英语教师们应该怎样进行专业发展呢？教师的专业发展是增进教师的专业知识、技能和态度的有意识、持续和系统的过程（Gusky 2005：13）。Bailey，Curtis 和 Nunan（2004：4）将教师的专业发展定义为教师智力、经验和态度持续增长的过程。

Gusky（2005：17）提出可用于各学科教师的专业发展的途径和方法包括培训、观察/评估、参与发展/完善过程、研究小组、探究/行动研究、个体指导活动和辅导。Bailey，Curtis &. Nunan（2004）专门讨论了英语教师可以运用的专业发展方法和途径，它们包括：记录教学日志、利用案例、语言学习经历、录音录像、行动研究、同伴观摩、合作教学、教辅教导、教学档案袋。陈玮（2010）将外语教师专业发展概括为两个校内和校外两个方面。校内要倡导教师立足课堂的校本教学研究，鼓励教师从单纯知识的传授者成长为专业化的研究者；校外要推进外语师资培训模式的变革，由传统的课程化培训转向面对教师现实情境和实际问题的探索性研究，同时促使师资培训模式与外语教师角色转换相协调，帮助教师适应以学生为中心的课堂模式，提高以学生为中心课堂的组织能力。李叶霞（2010）提出五种高校英语教师专业化的途径：明确课程要求、更新外语教学理念；改变传统教学模式，重新定位教师角色；提高教学能力，强化专业素质；以科研促教研，加强科研能力；进行反思性教学和教学行动研究。岳淑丽（2010）认为教师专业化发展经历三个阶段，各阶段有不同的特点。第一阶段是职前期，其发展特点是自我养成；第二阶段是职业期，其特点是规范性学习，学习的内容是规范型课程，学习的形式是“为教而学”的规范型学习；第三阶段是职业化（专业化）时期，其特点是享受型学习，学习的内容来自于课程开发、课程理解和课程表演的过程之中，学习的方式是享受性的，通过学习，享受生活、享受职业、享受关心与自由。

国内外专门针对外语教师专业观的研究相对较少。Beijaard，Verloop &. Vermunt（2000）的研究发现接受调查的所有教师都将自己看成学科知识专家、教学专家和教学法专家三种身份的综合，但是不同的教师对三种身份的认同程度不同。该研究还表明教师对自己身份的认识是在变化之中，这些变化发生在专业化的发展过程之中。吴一安（2005）在对教师专业素质的调查研究中构筑了包含四个维度的中国高校英语教师的专业素质框架。该框架中的四个维度之一是外语教师职业观和职业道德。吴一安（2005）提出的职业观包括教师的专业归属感（如喜欢做英语老师）、使命感（如教好外语是国家富强之所需）、为人师表（如学高为师、身正为范）、专业态度（如敬业、认真、责任心强）、关爱学生（如真心喜欢、关心、爱护、尊重学生）几个方面。

3.8 小结

在现有文献的基础上，通过分析和推论，本章构建了英语教师的信念系统的结构维度。系统包含五大维度：英语语言观、英语教学观、英语学习观、师生角色观、英语教学专业观。详见图 3－2。

七种主要的语言观源于各历史时期兴起的语言学理论，体现在不同语言教学方法之中。英语教学观主要包括关于课堂中心、教学方法和教学目标三个方面的信念，三个方面之间是一致的。英语学习观体现着教师对英语学习本质的不同理解。不同的教育心理学流派、不同的教育机构、不同的教学方法、不同的教师个体，以及不同的文化背景对于教师和学生的角色定位有着不同的理解。英语教学专业观涉及英语教师将教学当作专业还是普通职业来看待的问题。

第四章

理论基础与概念框架

4.1　概述

本章的主要内容包括两个方面：第一，阐述教师信念研究的理论基础；第二，提出本研究的概念框架。

本章的第二节介绍建构主义和社会认知主义两种理论的基本观点，通过比较，分析它们的共同点。其目标是寻求本文所提出的以教师信念为核心的概念框架的理论基础。

本文第三节分析 S. Borg 关于语言教师认知的相关研究，并结合本文第二和第三章在文献综述基础上提出的教师信念影响因素、教师信念、教师决策、教学行为、教学结果等关于教师认知和教师行为构成元素之间的相互关系，提出本论文的概念理论框架。同时，该节还运用建构主义和社会认知主义的基本观点对提出的概念理论框架进行解释。第三节的主要目标是建构教师认知与行为的基本概念理论框架，以揭示教师信念在该框架中的核心位置。

本章的最后一节总结本章的主要发现。

4.2　教师信念研究的理论基础

4.2.1　建构主义的观点

4.2.1.1 建构主义的认识论

认识论是一个哲学范畴，指人们对知识是什么、如何获得等方面的看法和观点（谭敬德，陈清 2005）。究其本质，建构主义是一种哲学理念，其核心思想是人们自己建构对现实的理解，后来这种理念逐渐应用到社会学、人类学和教育学等领域（Duffy &. Cunningham 1996；Fosnot 1996；Jonassen 1991；Jonassen et al. 1999；Oxford 1997）。

建构主义论者认为，认知是主体在已有知识和经验的基础上的主动建构；但是，他们关于主体建构活动的客观基础是什么的看法却并不一致。基于这种基础的不同，形成了建构主义的不同流派，例如：个人建构主义、激进建构主义、社会建构主义、社会建构论、批判建构主义、情景建构主义、文化建构论等（Geelan 1997；Dougiamas 1998）。

以激进建构主义和社会建构主义为例来观察它们对客观基础认识的不同。激进建构主义否定传统的本体论和认识论，并认为认识的最终目标不是客观真理，因为无法证明纯粹的客观真理的存在。它突出强调认识活动的建构性质，认为一切知识都是主体的建构。认识的过程就是人们在已有的知识和经验的基础上建构外部世界的过程，而且这种建构具有个体性，不同的个体具有不同的认知结构（詹全旺 2006）。激进建构主义的代表人物 von Glasersfeld（1995：31）认为：知识并不是通过感官或者其他的方式被动地接受，而是由主体主动的建构；认知并不是对客观世界的最终本体的发现，而是组织起主体的经验世界，认识的功能在于生物学意义上的顺应。社会建构主义强调认知活动的社会性质，它认为社会文化环境不仅是个体认知的必要条件，而且规范着个体认知的方向。社会建构主义认为认知活动的主体不是单独的个体，而是由各主体组成的共同体。个体在其认知活动中，通过与其他个体的互动，一方面形成自己独有的经验，另一方面分享与其他个体共同形成的知识（Salomon 1997）。

在建构主义的形成和发展中，皮亚杰和维果茨基两人的认识论思想成为了建构主义的主要理论基础。皮亚杰认识论的核心思想是有机体与环境的双向共建，其主要观点可以概括为三个方面（张奎明 2005：28；张奎明，苏娜 2009）：第一，人类认识的中介或图式起源于活动。认识起源于主客体之间相互作用的活动，因而它既包含主体，又包含客体。在人类认识之初，起中介作用的不是知觉，而是活动本身（皮亚杰 1987：21～22）；第二，认知中介在有机体与环境双向共建中生成和发展。皮亚杰认为，人类认识的中介物是从作为身体本身和外界事物之间的接触点开始，循着由外部和内部所给予的两个互动补充的方向发展，发展的机制是同化和顺应。同化指不改变原有的认知结构而将新的认知收获纳入其中的机制；顺应指当原有的认知结构无法收纳新的认知内容时，调整改变内部结构以适应新的认知内容的机制；第三，主体的知识通过已有的内部条件来建构，这些条件就是个体已有的经验、知识以及认知机制。维果茨基认识论的核心思想是人类认知以文化为中介。维果茨基认为，人对世界的认识是通过语言等特殊精神生产工具进行的，思维发展是由语言和人们的社会文化环境决定的。在利用语言等符号系统认识世界的过程中，人的思维逐渐由社会思维向个人思维发展。维果茨基认为，人们认识世界的心理机能并不是从内部自发产生的，而是在人们的协同活动和互动交往中产生的。人所特有的心理认知机能在外部活动中产生，并且在活动之中逐渐内化。思维发展的真正方向不是从个人思维向社会思维发展，而是从社会思维向个人思维发展（维果茨基 1997：21）。

尽管不同流派建构主义的主张和观点存在差异，但是它们认识论的基本原则是相同的。从人的认知发展来看，这些共同的基本原则包括认识主、客体的关系、认识的条件和方式、知识和意义的特性三个方面。在主、客体关系方面，都主张人是主动认识世界的，人认识世界的过程是一个发挥主观能动性、进行创造性认识的过程。人对世界形成的认识中，并不是简单机械地将外界的事物及其关系镜面式地映射在大脑中，而是以自身经验或已形成的认识为基础，对外界事物在大脑中再创造。既然是再创造，被创造出的认识就具有主观性。同时这种创造是基于客观外界的事物及其关系进行的，因此它具有客观性的基础。基于此，人的认识发展是主、客体的结合，认识发展的过程是一个无限接近客观世界、但又是永远无法完全等同于客观实际的过程。在认识的条件和方式方面，都强调个体已经拥有的经验和知识在认识中的重要作用，都强调个体在认识过程中的主动性。心理建构主义认为对新事物认识的发生基于个体自身已经拥有的心理图示和自身的经验；在认识过程中，个体的认知世界与外界环境相互作用，外界环境转变成个体的心理环境不断进入人的认知加工过程，通过同化和调整等机制，不断增加个体的经验和知识，使个体内部的主观认知与外部的客观世界逐渐接近一致。社会建构主义认为，人对世界的认识是发生在一定的社会文化之中的，人对世界的认识以语言等工具为中介，而这些工具承载着一定的社会文化特点，因此，人对世界认识的过程是一个社会化的建构过程。社会化的建构以两种方式进行，一是个体使用带有文化特点的语言等工具内化新知识以形成自己的认知；二是个体在实践中通过与环境和他人的社会协商来推进自己的认知。对于知识和意义的特性，建构主义论者都认同知识和意义是非纯粹客观的，是人们主动建构的结果。知识和意义具有两个特性，一是个体性，它与认识主体不可分割；二是社会协商性，由于协商机制的存在，不同个体建构的知识与意义有相同的部分，能够互通，共同构成社会的知识和意义基础（张奎明2005：28）。

大多数建构主义论者都认同建构主义的认识论有这些特征：第一，建构主义既不是纯粹的主观主义，也不是纯粹的客观主义，而是一种主、客观相对主义。它认为人对世界的认识是逐渐形成的，具有相对性；第二，建构主义认为人的知识既具有主观性的一面，也具有客观性的一面。但是不同的建构主义理论认为知识所具有的主客观程度不同；第三，建构主义既反对预成于内的先验论，也反对预成于外的经验论；第四，建构主义既重视主体的能动作用，也重视客体对主体的反作用，它强调主客体之间的相互作用。但是不同的建构主义理论对主、客体强调的程度存在差异（刘儒德2004；谭敬德，陈清2005）。

4.2.1.2 建构主义的学习论

不同流派的建构主义论者均基本认同以下四个方面的观点：第一，学习者建构对他们有意义的理解；第二，新的学习收获依赖于当时的理解；第三，社会互动有助于学习；第四，最有意义的学习发生在真实世界的任务之中（Eggen &. Kauchak 2005：283）。

建构主义的学习论观点体现在三个方面：学习的本质、知识的本质、学习的方式。

在学习的本质方面，由于皮亚杰和维果茨基思想强调的重点不同，建构主义对学习的本质有两种认识：一种认为学习是个体内在认知结构的发展变化；一种认为学习是社会的意义建构。

皮亚杰认为，由社会相互作用而产生的认知冲突是导致强有力地推动智力发展的关键所在（Perret－Clermont 1980，转引自郭裕建2002）。失衡推动主体超越现时的状态并激发新方向。学习的过程就是在学习者的内部认知结构发生同化和顺应的过程。在同化过程中，新知识进入原来的认知结构，在不改变认知结构的前提下充实、修正认知结构内的内容。同化是认知发展的量变，这种量变在学习过程中一直在发生。当学习者对外界的新认知与原有的认知结构内的内容发生严重冲突，原结构不能容纳新知识时，认知结构就会发生改变，将新知识容纳进去以顺应认知的发展。顺应是认知发展的质变。

维果茨基认为，学习的本质是社会知识和意义的建构。这种建构不是个体单独发生的，而是通过个体间的相互作用，在一定的社会文化中发生的。在与其他个体的相互合作和作用中，不同个体一起协商共享认知对象、事件和观念的意义。个人的认知结构在社会交互作用中形成，发展是将外部的、存在于主体间的知识和意义内化为个人所持有的知识和意义（Wink &. Putney 2002：85 ~115）。因为发展的主要媒介是通过交互作用而产生的意义的社会协商，所以只有当个人建构的、独有的主观意义和理论与社会和物理世界相适应时，才有可能得到发展（郑东辉 2004）。因为学习与个体间互相作用的不可分割性，而且学习的内容也产生于这种互相作用，因此学习的本质就是对社会知识和意义的建构。

在知识的本质方面，建构主义认为知识是社会性的意义建构。知识的基础是语言知识、约定和规则，而语言是一种社会性的建构。人类的知识、规则和约定对某一领域知识真理的确定和判断起着关键作用。个人的主观知识经发表而转化为有可能被他人所接受的知识，这一转化需要人际交往的社会过程。发表的知识须经他人的审视和评判，才有可能成为他人的知识，也就是说，个人的主观知识只有经过社会性的互相影响过程才能成为他人的知识。个人所学习到的知识就其本质而言是内化了的，经过再建构的知识，因而是个体对社会意义的建构（高文 1999；郑东辉 2004）。

在学习方式方面，建构主义强调学习者主动参与下的有意义的学习、基于真实情景性的探究性学习和基于社会交往、合作基础上的学习（张奎明 2005：30）。建构主义强调学习者不是被动的刺激接受者，而是具有主体性和能动性，是主动的意义建构者。因为建构主义认为知识和学习过程是不可分割的，因此认为学习的关键是发生在有意义的情景脉络之中。因为学习的结果与学习者个人和特定的知识情景相关，所以应该重视个体或群体基于真实情景的探究学习（郭裕建 2002）。建构主义认为关于世界的知识和意义是在个体相互作用下建构的，因此基于社会交往和合作基础上的学习是学习者获取知识的必要途径。

4.2.2　社会认知理论的观点

4.2.2.1 社会认知理论的基本观点

美国心理学家 A. Bandura 所提出的社会认知理论的核心思想是相互决定论：环境事件、人的因素和行为三者相互决定、互为因果（Bandura 2001a：32）。该理论在发展过程中越来越强调作为主体的人的能动性特点、强调人的认知在自我组织、积极进取、自我调节和自我反思中的作用（Bandura 2001：

17）。下文从三方互惠决定论、自我系统和自我效能三个方面说明社会认知论的基本观点。

三方互惠决定论。

班杜拉认为行动是主体（人）、行为和环境三种因素互惠决定的结果，基于此，他提出了三者之间的关系图（见图4－1）。

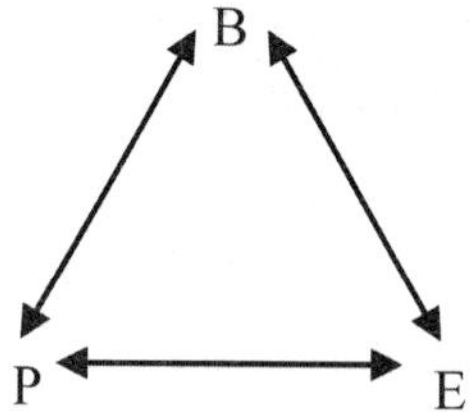

图4－1　人、行为和环境三方互惠决定关系图解

注：引自Bandura 2001a：32

在图4－1中，B表示行为（bahavior），P表示人（people），E表示环境（environment）。三者之间的双向箭头表示三者之间互相决定、互为因果的关系。P和B之间相互决定：P的内部因素如动机、意向、目标、情绪等影响着B的模式和强度；同时B的内部特征和外部结果又影响或部分决定着P的意向信念和情感反应。B和E之间相互决定：E是B的对象和外部条件，它部分地决定着B的模式与强度；同时B也能改变E，使之适应于P的需要。P和E之间互相决定：P的个人特性、情感与认知能力等是特定环境作用的产物，并且受到E的制约；同时E取决于P的认知把握，E只有被P认识且把握时才能对P产生影响，把握的程度取决于P的认知特点（成晓光2003）。

在这三个因素之中，占主体地位的是人，具体指人的认知能力，例如，使用符号的能力、预见能力、观察学习能力、自我调节能力等。人的认知能力使人可以对环境和自己的行为进行预测、调节和控制。认知能力并不是自发产生的，也不能单独发挥作用。人的认知能力产生于与环境和行为的相互影响之中，并且作用于环境和行为。人的认知能力、行为和环境三者总是相互影响、相互制约、互为因果，三者之中的任意一个都不能离开其他两个发生作用。

在具体的人类活动之中，认知能力、行为和环境三因素并非以同时一起相互作用的方式起作用。互相影响及互惠的效果不是同时迸发，而是有先有后，例如问和答总是先后发生（Bandura 1983，2001：34）。三因素对思想和行为的影响与作用并不是相等的，在不同的时间和条件下，三者之中有一个可能占据突出位置，主要影响着活动是否发生与发生的情况。

认知结构。

班杜拉认为人的内部有一套认知结构，这套认知结构具有感知、评价和调节三种功能。通过认知结构的中介，人们才能不断认识世界，增加自己的知识（Bandura 2001b）。

绝大多数的外部影响通过认知结构的中介才能对行为起作用。认知结构决定着主体观察到哪些外部事件、理解事件的方式、事件影响的结果，并且决定着事件传递的信息如何组织起来供将来之用的方式。主体通过认知结构将对外界的观察符号化。除了对外部事件的观察外，认知结构还使人们能对自己的行为进行观察并加以符号化。通过观察和以符号为依据的抽象化，人们形成对未来结果的预期，并且建立起环境事件与反应结果之间相依关系的认知表征，通过这些认知表征，对未来的行为进行评价，并在评价的基础上对自己的行为进行自我指导或调节。

自我调节有广义与狭义之分，广义的自我调节就是三方互惠决定关系中人的主体因素及其作用；狭义的自我调节就是一个自我反馈系统，它包括行为目标的自我设定、行为的自我观察和评价，以及在评价基础上的自我反应。在自我调节时人们使用逆向和顺向两种策略。逆向策略减少已经取得的成就与目标之间的差距，顺向策略为自己建立新的、更高的目标。人们通过设定更高的行为目标，为自己制造一个不平衡的状态，然后通过实现目标而消除这种不平衡（成晓光 2003）。在自我调节系统的运作中，人们借助语言等抽象思维符号系统，在思想上尝试各种解决问题的办法，评价不同行为可能产生的结果，从中选择最优的去实施。通过自我调节系统的运作，经过思考的评价，人们可以使现有的信念得到增强、减弱或取消。如果一个人确信某种行为是错误的，相应的信念就减弱或者消失；反之，就会增强（赖昌贵 1993）。当然，由于信念系统的复杂性，相矛盾的信念甚至可以互不排斥而共存，所以自我调节系统判定为错误的信念也可能不会立即消失，而是经过多次经验和思考的反复验证，才会放弃它。自我调节受制于内、外部因素的影响。外部因素包括评价自身行为的标准（即社会标准）和外部强化（即外部诱因），内部因素包括自我观察、判断处理和自我反应。自我观察就是观察自己的行为；判断处理就是根据来自个人的标准、来自别人的参考行为和个人对行为的归因三种依据对自己的行为进行判断；自我反应就是根据判断结果，作出积极或消极的情感反应，即通过自我强化或自我惩罚来建立行为动机（成晓光 2003）。

自我效能。

自我效能是一种自我参照的思维，自我效能感是人们对影响自己的事件的自我控制能力的直觉，是对自己是否具备达到某一行为水平的能力的判断，是对自身完成既定行为目标所需的行动过程的组织和执行能力的判断（Bandura 2001a：552～553）。Bandura 将自我效能感看作是人的生成能力，这种生成能力将认知、社会、行为子技能组织成整合的行动过程。

自我效能建立在人们自我评价的基础之上。它影响人们对行为的选择、努力的程度和时间、思维方式和情感反应。人们倾向于避开超出自己能力的任务和环境，选择自己有能力处理的任务和环境（Zimmerman 2000）。自我效能感高的人，为了达成目标，他们付出的努力会越多，持续时间越长；如果碰到困难，他们会付出更大的努力。自我效能感低的人，在困难面前，他们会首先选择放弃。在思维方式和情感反应方面，自我效能感低的人，思维会停留在自身的不足上，怀疑自己，畏惧困难；在归因时，他们常将失败的原因归结于自身能力不足。自我效能感高的人，会将自己的注意力和努力分配到环境的要求上，困难反而能激发他们付出更高的努力；在归因时，他们常将失败的原因归结于自身努力不够。

自我效能判断与行动之间是一种功能性的关系，它们之间是否一致会受到一些因素的影响。这主要包括主体行动的动机、环境提供的条件支持、自我效能的错误判断等方面（Bandura 2001a：558～562）。如果没有动机，人们无论自我效能感高还是低都不会发出行动。如果环境不具备供人们发出行为的条件，例如必要的设施、舆论倾向、经济和物质资源，行为也不可能或者难以实现。对自我效能的错误判断导致实际能力与行为所需求能力的差异，会导致自我效能感与行动之间的不一致。

3.2.2.2 社会认知理论的学习论

社会认知理论认为，除了基本的生物反射外，人并不具备各种先天的行为技能。各种行为技能或新的反应模式，都是通过学习而来的（赖昌贵 1993）。学习的方式有两种：一是直接学习；二是间接学习。

直接学习来源于人们直接的经验，其方式是通过行为所产生的积极或消极的结果进行学习。如果一种行为方式产生积极的结果，那么它证明是有效的，会被选取；如果一种行为方式产生消极的结果，那么它就是无效的，会被抛弃。无论是有效的还是无效的行为方式，都形成人们的经验，人们从这些逐渐积累的经验中学习。班杜拉认为直接学习是人们学习的基础。它指出个体能从自身活动中学习是由于活动结果具有三种功能：第一，信息传递，即活动的不同结果能表明适当或不适当行为所发生的环境；第二，动机引发，积极的行为结果使人维持行为的动机；第三，行为强化，成功的行为结果强化该行为（唐名祥 1993）。

直接学习只占学习的小部分，现代社会生活中人的知识大部分依靠间接学习得来。间接学习指学习者通过观察他人所表现出来的行为及其结果所发生的学习，这种学习不必学习者亲身体验强化，而仅仅是通过观察而间接获取经验，因此称为间接学习。

社会学习理论认为，人类的大部分行为都是通过对榜样的观察而习得的。榜样的影响主要是通过它们的信息功能引起学习。在观察过程中，人们获得示范活动的符号特征，这种表征指导他们的合适行动（赖昌贵 1993；Bandura 2001a：63）。观察学习包括四个子过程：注意过程、保持过程、生成过程、动机过程。

在注意过程中，学习者从他人或榜样获取信息。获取信息的方式和数量由注意过程筛选和确定。注意过程受三个方面的影响：他人或榜样的特征，如显著性、情感诱惑力、魅力、负责性和生动性；观察者的特征，如觉醒水平、价值观念和态度定式；观察者与被观察对象的关系，如果他们经常在一起，或者二者相似，那么观察者就经常或容易学会榜样行为（赖昌贵 1993；Bandura 2001a：68 ~ 74）。

保持过程是学习者对观察所获信息进行转换和加工的过程。这一过程先将观察到的行为转换成记忆表像，然后再转换成言语编码以形成动作观念。表像和言语编码同时储存在头脑中，以便指导学习者以后的行为。认知复述，即学习者在头脑中想象正在执行正确的步骤，有利于编码信息的保持（唐卫海，杨孟萍 1996；Bandura 2001a：74 ~ 84）。

生成过程也称动作再现过程，这是观察学习的中心环节。在该过程中，人们将记忆中的动作观念转换为行为，它包括动作的认知组织、实际动作和动作监控三个步骤。认知组织就是将动作观念提取出来并加以组织。实际动作就是将组织好的动作表现出来。动作监控是对实际实施的动作进行观察和纠正，监控可以是自我监控，也可以是他人监控（唐卫海，杨孟萍 1996）。

动机过程贯穿整个观察学习的全部。动机是引起和维持人们观察学习的内部驱动力。人们从观察中学到的行为不一定都会表现出来，是否表现出来取决于动机。人的活动动机来自于过去别人和自己在类似行为上受到的强化，包含外部的替代性和直接性强化和内部的自我强化。替代性强化指通过观察别人受强化，而引起的对观察者的强化作用。直接强化指学习者自身行为受到的强化。自我强化指人依靠信息反馈进行自我评价和调节，以自己确定的奖励来加强和维持自己行为的过程（唐卫海，杨孟萍 1996）。

在观察学习中有两类学习形式对人们的发展起着关键作用：抽象的观察学习和创造性的观察学习（Bandura 2001a：136～144）。人们通过概念学习、搜索和加工信息等策略来进行抽象的观察学习。通过抽象的观察学习，人们能够抽象出支配特定行为的规则，从而生成超越他们所见所闻的行为。抽象出规则以及生成行为至少涉及三个过程：从社会范型中抽取相关的特征，将信息整合成符号规则，运用规则生成行为的新样例。创新也能通过观察学习的过程得以实现。具体表现为：第一，观察学习能为创新提供认知和行为的工具；第二，在大多数创造性的努力过程中，所需的知识和技能是通过范例和学徒式实践而习得的；第三，创新者在掌握了一定的技巧后，还会继续从别人那里学习可能给他们的创造性工作增添新特性的东西；第四，观察学习能为创新的整合提供要素（Bandura 2001a：142～144）。

4.2.3 建构主义和社会认知理论的结合

建构主义强调人对意义的主动建构，强调意义建构的社会性。社会认知理论强调人在认识、了解世界和知识学习中的内部认知发展。两者看起来关注的重点不同，但是如果考虑两种理论在以下方面的观点，它们有着共同点和结合点，通过这些结合点，两种理论可以互通，甚至可以互补。这些方面包括：第一，人们对世界本体的认识；第二，人们认识世界的方式；第三，人们构建意义的平台；第四，人们发展的内部机制；第五，人们创造力的生成方式。

从人们对世界本体的认识来看，两种理论都认同现实是人的解释，而不是纯粹客观的存在。

建构主义认为，认知不是对客观实在的简单、被动反映，而是主体以已有的知识和经验为基础的主动建构。现实是人们心中之物，是学习者自身建构了现实或者至少是按照他自己的经验解释现实；每个人的世界都是有学习者自己建构的，不存在谁比谁都现实更真实、更客观的问题（Jonassen 1991）。知识是学习者与环境交互作用过程中依赖个人经验自主建构的，建构的知识既不反映主观世界，也不构造客观世界，而是构造主体的内心世界（谭敬德，徐福荫 2006）。建构主义认为人类的认识可以无限接近现实，但永远无法完全到达和完全反映现实。从个体所建构的知识来看，由于每一个个体基于自身经验看待世界的认识特征，而个体的经历和经验又各不相同，因而他们看到或经验到的世界也是不同的，因而会形成不同的世界观。从知识的社会协商性来看，建构主义强调个人建构知识与社会文化之间的关系，强调知识是通过语言等社会符号在主体间达成的。由此看来，个体所建构的知识不是纯粹的客观，而是带有主观性；同时，个体对意义也不能随意建构，而是需要通过与别人协商和解的方式对其进行修改和整理，个体对意义的建构受到当时社会文化的影响（张奎明 2005：29）。

社会认知理论认为，环境、人和行为三者互为条件、互为因果、互相制约（见图 4－1）。社会认知理论中的环境就是指包括人和自然构成的世界。根据这一模式，作为主体的人的认知是在与环境、行为的互动之中发展的。人的认知发展过程就是对世界的认识和建构过程。由此看来，人对世界的认识具有渐进性和接近性，同时也具有主观性。渐进性表现为人对世界的认识是在三者互动之中逐渐发生和发展的。接近性表现为随着互动的增加，人对环境的了解越来越完整和深入。但是无论人们对世界的了解多么接近世界本身，由于了解过程本身是由人的认知结构去实施的，因此它必然打上主观的印记。所谓对客观世界的认识永远都不可能是纯客观的，人们所认识到的世界永远是一个主观和客观结合的世界。从社会认知理论的学习方式来看，人们通过直接学习获得直接的经验，通过间接学习获得间接的经验或知识。经验的获得取决于个体的感觉、思维和行动，是因人而异的。而个体对知识的建构基于自己的经验，也是因人而异的。个体活动的每一方面都是围绕着他们对生活事件的建构性解释旋转，这些事件被解释成为每一个个体的现实。由于个体有以最适合自己的方式建构经验的自由，因此必定会发生发展错误信念的情况（纪海英，郭本禹 2006）。

从人们认识世界的方式来看，两种理论都认同人是认识世界的主动者，而不是被动接受者。

建构主义主张人是主动认识世界的，人对世界的认识是一个能动的、创造性的认识过程。学习是一种学习主体的自我建构，不是一种单一的外部输入。

自主建构的结果体现为新知识与学习者原有知识的内在联系，新知识与原有知识溶为一体，共同构成学习者的知识结构（张奎明 2005：29）。人对世界知识建构的主动性还体现在其建构方式上。维果茨基认为人通过与他人互动活动的方式建构知识。既然是互动活动，活动的双方都不可能是被动的，因为只有双方都是主动参与，才可能形成互动。既然是主动参与社会活动，那么人们在活动中共同建构社会知识，并且将其内化的过程也必然是积极主动的。

社会认知理论关于人对意义的主动建构思想体现在三个方面：第一，建构是一个寻求认知平衡的过程；第二，个体是主动的介入者，而不是被动的接受者；第三，意义的主动建构发生在不同的环境中（纪海英，郭本禹 2006）。从认知发展的机制来看，班杜拉认为认知的发展基于认知的不平衡。当个体意识到自己缺乏理解力时，就考虑是否有必要学习能够获得那种理解力的新东西，如果学习动机被激发起来，就会主动去建构新的意义，推进自己认知的发展。从新意义的形成过程方式来看，个体是积极主动的介入者。个体不是被动的接受环境的刺激而作出纯粹反射式的反应，而是主动地抽取环境中的有利条件，以求顺利地实施预期的行为，完成新意义的形成。同时，人的预期能力使他能够预先对行为施加适当的控制，而不仅仅是反应于行为的结果。从新意义形成的环境来看，新意义形成于新环境之中。在新的环境之中，原有的认知结构不能完全满足对新情况的认知，此时就会产生认知发展新的不平衡。如果有需要达到新的认知平衡，个体就会开始建构并且检验新意义。

从人们构建意义的平台来看，两种理论都认同社会环境和语言等符号的巨大作用。社会环境和以语言为主的各种社会符号提供了人与人交往，开展各种活动的平台。

建构主义，特别是维果茨基的社会建构主义认为，在人们的学习和发展过程中，个体与社会之间相互依存，社会环境为个人的发展提供了必不可少的平台基础。这种平台性体现在三个方面：第一，个体的发展，包括较高级的心理机能，有它的社会根源。学习者正是通过参与广泛的社会共同活动并且内化活动的效果，才获得有关其所处的世界和文化的策略和知识。只有当人们同社会环境中的同伴和其他人相互作用时，学习才能以激起各种各样的内部发展过程的方式发生。第二，人们的行为在社会和个体水平上都以工具与符号学上的符号为中介。这些符号包括语言、数学符号、颜色和声光指示符号等。人们利用这些共同的社会符号建构和交换知识和信息。第三，学习是知识的社会协商。

社会协商指个体与社会其他成员之间的关于世界意义建构的互动、中介和转化的过程。人们通过社会协商过程共享对象、事件和观念的意义，并以此来建构和发展自己的知识（Wertsch 1991；郭裕建 2002；郑东辉 2004）。

社会认知理论在三个方面体现了对社会环境和语言等符号的认同。第一，符号的内部构建。社会认知理论认为，主动作用产生于个体与其环境的相互作用，建构意义的过程因为使用语言等符号而发生在心理内部。思维的力量在于个体使用语言等各种社会符号表征事件及他们之间的关系。抽象观察学习和创造性观察学习都发生在社会环境之中，而且都需要经过经验与以语言为代表的抽象社会符号表达的规则之间的转换（Bandura 2001a：136～142）。第二，符号创造需要与社会的相互作用。个体的符号创造本身是一个主动建构的过程，取决于个体现有的信息连同他们可以得到的社会资源。第三，直接学习和间接学习均基于符号的应用（纪海英，郭本禹 2006）。社会认知理论认为人们的学习以直接和间接两种方式进行。直接学习中，个体通过自己的亲身体验获得经验，然后使用语言等社会符号将经验抽象为规则。间接学习中，通过个体社会性的接触，观察他人的行为和行为发生的环境，在评价的基础上获得经验，并使用语言等符号将其抽象为规则。在人们的创造性观察中，语言等抽象符号更是思维的直接工具。

从人们发展的内部机制来看，两种理论都认同人的认知结构的内部调节和动态发展。

建构主义中的中介理论和内化理论都涉及人的内部心理和认知的调节作用及发展状态，揭示了人的认知心理发展从直接、自然的低级心理机能到间接、社会的高级心理机能的发展和转化过程（王涛 2006）。认知建构主义的代表皮亚杰将人的心理发展分为几个阶段。社会建构主义的代表维果茨基将高级心理过程视同为中介活动的基本功能。他将中介分为物质工具、心理工具和他人工具三种。物质工具指人们通过集体协作、人际交往和语言等社会符号标记推动人的认知和心理发展过程。在以物质工具为中介的活动中，语言等社会符号得到发展，从而产生心理工具。心理工具直接充当心理过程的中介，表现在人的言语思维、记忆、逻辑功能等方面。维果茨基认为，心理活动意义的实现只有通过他人工具的中介才能实现。其理由是，只有通过他人我们才能成为自身，这一法则适用于每一个心理功能和人格特征。人们的发展首先实现在人与人之间，即人际之间，然后才能内化至个体内部。内化理论认为人的思维发展是一个社会、历史、文化和物质的过程，并且与它们密不可分。内化是一种符号性活动，它同时发生于社会活动和人的思维之中（Steiner 1996）。人们以与他人互动的方式参与社会活动，与他人同构新的知识，同时内化语言等符号系统。在社会活动中，具有社会性特征的语言等符号系统经过交际语言转化为内部言语进入话语思维，从而完成内化的过程（Vygotsky 1986）。

在社会认知理论中，自我调节是一个非常重要的概念。广义的自我调节指社会认知理论中三方互惠关系中的人的一方（见图4－1）。作为人的认知结构的内部调节，自我调节主要是用于其狭义。自我调节的逆向和顺向策略的使用、自我调节的发生机制、自我调节的作用等具体内容在本章的4.2.2.1节已作比较详细的说明，在此不再重复。总体来看，自我调节是推动人的认知发展和进步的根本机制。

从人们创造力的生成方式来看，两种理论都认同利用语言等抽象符号进行的形式运算。

社会建构主义认为语言是思维的先决条件，同时也是一种社会行为（刘立华2009）。人们对世界的理解并不是来源于客观的现实，而是来自人，包括现在的人和过去的人。人们通过与人的直接或间接交往学习关于世界的知识，包括诸多的概念和范畴。这些概念和范畴通常以语言的形式概括和呈现，学习者也是通过语言去理解和掌握它们。因此，语言既是知识的承载工具和体现方式，又是人们对这些知识进行习得和加工的工具。人们对知识的创新也必须依赖知识。社会建构主义还认为，知识来源于人与人之间的互动，同时世界就是由人与人之间的互动建构起来的。人们使用语言就是一种社会行为，人们通过这种社会行为建构世界，创造世界。人们运用语言等抽象社会符号习得、使用，特别是创新知识的时候，其概念和范畴的建构一般是以逻辑为基础的形式运算。

社会认知理论中，个体对行为结果的预期和自我效能感概念的提出体现着个体运用语言等抽象社会符号进行创造性思维的思想（纪海英，郭本禹2006）。班杜拉认为个体对未来的预期是其行为或不行为的动机，而人们的预期是以个体的经验和以语言等抽象社会符号表示的知识为依据通过逻辑思维而实现的。自我效能感反映个体的形式运算能力。当人们对行为结果进行预测的时候，基于对环境中的条件和制约因素、自己完成行为的能力基础、面临的挑战等因素的综合考虑，人们决定是否实施该行为、实施行为的方式、所要付出的努力程度等。这些决策过程就是一个形式运算的过程。

4.3 本文的概念理论框架

4.3.1 教师认知与行为关系的概念理论框架建构

4.3.1.1 Simon Borg 的概念框架

在提出本文的概念理论框架之前，让我们首先分析一下教师认知研究领域的国际知名专家Simon Borg 所提出的两个以教师认知为中心的教学概念框架图式。本节在分析这两个图式的基础上，结合第二和第三章在文献综述和分析基础上提出的观点，提出以教师信念为核心的教师认知与教师行为关系的框架图式。

Borg（2003：82）从教师的角度，提出了一个关于教学的概念框架图式（图4-2）。

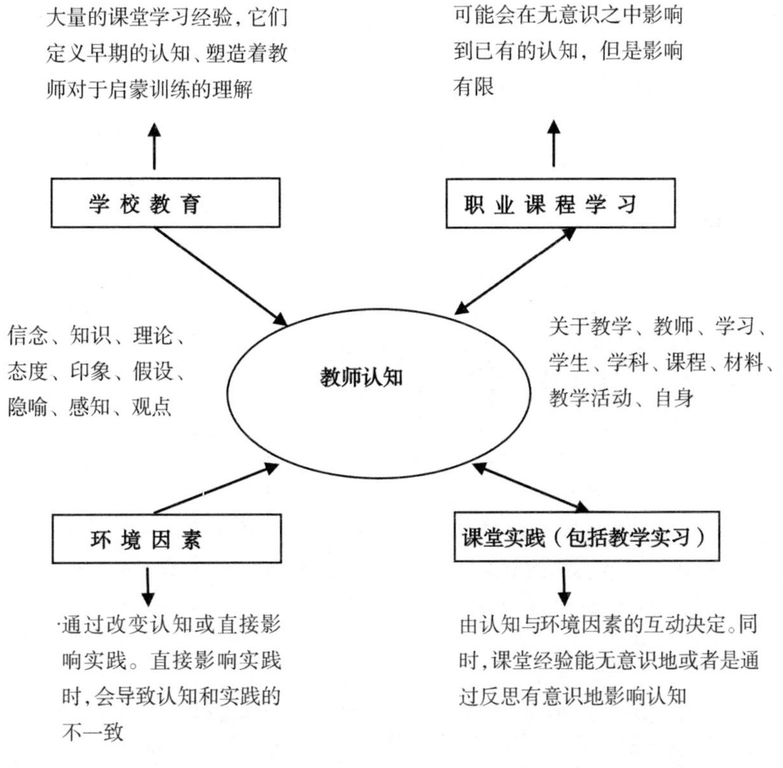

图4-2　教师认知、学校教育、职业课程学习、环境因素、课堂实践关系图示

注：图4-2 编译自 Simon Borg 2003：82

该图示包含教师认知及与之相关的四个方面的因素。Borg 将教学过程中不能直接观察到的各层面均纳入“教师认知”的范畴。它包括教师所知道的，所思考的和所相信的一切，如关于教学、教师、学习、学生、课程等方面的信念、知识、理论、态度，假设等等。在教学中，除认知以外的教师因素归入四个方面：学校教育的经历、职业培训课程学习、环境因素及教师自身的课堂实践。学校教育的经历指教师在学生时代的课堂学习中所受到的教学风格、方法等方面的影响。职业培训指针对教师职业的一些课程学习和技能训练。环境因素指直接或通过教师认知来影响教师课堂教学实践的外在因素。教学实践指教师在课堂教学中的教学行为。

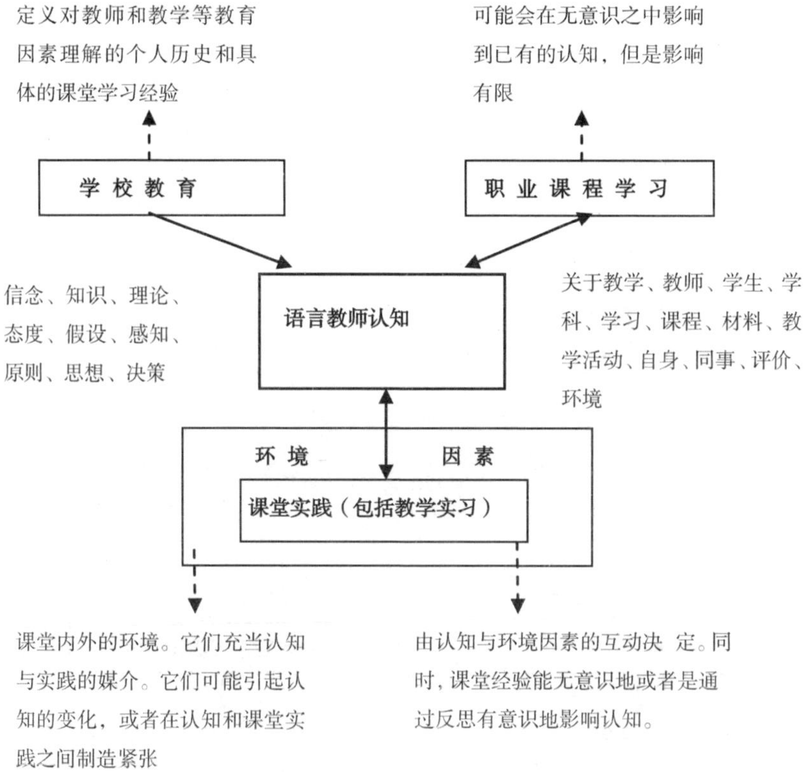

图 4－3　语言教师认知的元素与过程

注：图 4－3 编译自 Simon Borg 2006：283

在五个方面的相互关系中，Borg 将教师认知置于核心位置，它受到来自其他四个方面的影响，同时它直接指导课堂实践，也对职业培训做出反馈。该图表示，课堂实践不仅受教师认知的影响，也受环境的制约。

考虑到教师认知、环境与课堂实践的相互关系，以及为揭示教师认知、教师学习与课堂实践之间的关系，结合语言教师的认知情况，Borg（2006：283）将原图式修改为图 4－3。

与原图 4－2 相比，新图 4－3 最突出的变动在于教师认知、环境因素、课堂实践三者之间关系的调整方面。新图式将课堂实践纳入环境因素的包围之中。这种变动表示环境在教师认知和课堂实践之间充当媒介作用：一方面，环境直接制约课堂实践；另一方面，它影响教师认知，塑造教师认知在课堂实践之中的体现。除此之外，新图式还有其他四个方面的微调：（1）教师认知所包含的概念有所减少；（2）教师认知所包含的内容有所增加；（3）教师认知的范围缩小为语言教师认知；（4）学校教育的经历方面增加了个人历史因素。

4.3.1.2 教师认知与行为的基本概念框架

从教学过程中的教师角度看，Borg 的两个图式（2003，2006）都是为了提出一个概念框架，用于解释教师的课堂教学行为以及影响这些行为的因素。Borg（2006）的图式揭示了教师认知、教师学习（通过学校教育和职业培训）、课堂实践三者之间的关系。从两个图式中可以清楚地看出教师认知影响因素的来源包括学校教育、职业培训、教学环境和课堂实践四个方面，来自这四个方面的影响因素构成了教师认知的基础，是教师信念形成和发展的基本源泉。这一源泉的构成可能多种多样，在此我们将其统称为教师信念影响因素。结合第二章关于教师信念、教师决策、教学行为之间关系的讨论，我们可以建立起如图 4－4 所示的英语教师认知与教学行为的概念框架。

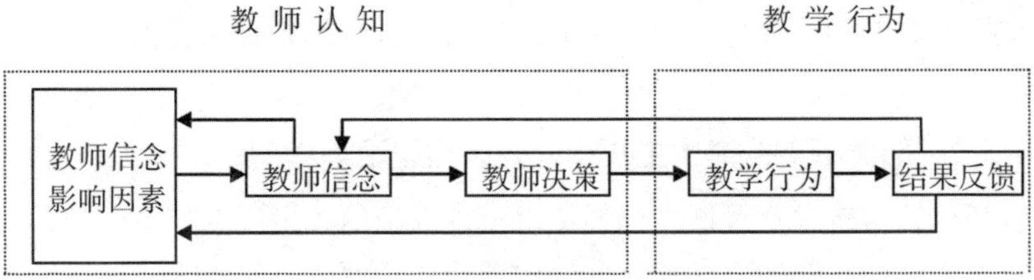

图 4－4　英语教师认知与教学行为的概念框架

该框架中，信念指其持有人在自身知识、经验和其他因素基础上形成的，带有个人印记的，关于处于某种具体情境中的事件的判断性命题，是用于指导自身思维和行为的内隐理论。教师信念指的是教师在信念影响因素基础上形成的，关于教学活动中所应该发生、或者是可以发生的行为的观念。它是教师进行教学决策的基础和依据，教师根据其所持有的信念进行决策，根据决策发出具体的教育行为。外语教师的教学信念指外语教师所持有的，在其信念影响因素基础上形成的，关于在他们所处的环境中应该发生、或者是可以发生的外语教学行为的观念。这些观念，即教学信念的外延主要包括语言观、外语教学观、外语学习观、教师和学生的角色观、外语教学职业观共五个方面（详见第二章2.3.1.2节及图2－2）。外语教师根据他们的教学信念分析、处理他们所遇到的千变万化的教学问题，做出自己的决策，发出自己认为合理的，或者是可行的教学行为，从而解决他们面临的问题。

在该框架中，教师信念影响因素来源多种多样，且在长时间的积累之下，会发生相互影响、相互融合，形成一个整体的来源。因此在此基础上形成的教师信念应该脱离了单项具体的影响因素，从而具备了一定的抽象性和规律性的特征。信念一旦形成，会反过来制约这些它赖以形成的基础影响因素的发展变化。在具体的教学实践活动中，教师根据自己的教学信念，结合当时的具体情景（即时环境），决定施行何种行为，开展何种活动，以及实施行为及活动的方式，这就是教师决策。在完成决策后，教师将决策付诸实践，发出教学行为。教师的教学行为实施之后，会产生一定的结果，这些结果包括学生的反应、教学效果等方面，教师行为的结果提供反馈。

通过教师决策、教学行为和结果反馈，教师信念对影响自身形成和发展的因素产生间接影响，同时，结果反馈直接影响这些因素。在接收到结果反馈以后，教师会结合自己的行为进行反思，以判断自己的行为的适用性和效率，反思的结果会影响和改变自己的教学信念，增长自己的知识和能力，修正自己的理念。

4.3.2 概念框架的建构主义和社会认知理论解释

教师认知与教学实践概念框架体现出以教师信念发展为核心的教师发展的一些特点，它们与建构主义和社会认知理论的一些观点相吻合。这些特点主要包括：第一，教师发展中，对教学本质的认知依赖于教师在教学活动中的主观建构；第二，教师发展是对教学理念和教学知识的主动建构，而不是机械性地被动接受；第三，教师发展的平台是社会性的教学环境，教师在教学环境中成长；第四，教师发展的内部机制，是以教师信念为核心的认知发展，是一种动态的循环式发展；第五，教师的创新发展植根于教学实践，形成于理论思考。

对教学本质认识的主观建构。教育教学究竟是什么？对于这个问题，教师们在职前的学校教育和职业培训的课程之中，就已经有过学习和思考。在正式就职之前，他们根据自己的学习经历和体会，以及从书本上学到的理论知识，对此问题已经形成了一定的看法。这些看法是否正确、是否全面、是否深刻、是否符合实际情况，就留待走上教学岗位之后，在教学实践活动之中去理解和感悟了。就作为外语的英语教育来说，英语教育的本质究竟是教授给学生英语语音、语法和词汇？还是传递给学生英美等国家的文化知识？还是培养学生的英语交际能力？还是培养学生英语学习的方法？还是以英语学科教学为媒介进行全人教育，促进学生作为人的认知与实践能力的全面发展？对这一问题，不同的教师可能会给出不同的答案。这些不同的答案从何而来呢？归根到底，还是来自于教师参与在其中的英语教育教学活动。在实践活动中，教师会对原来从书本上学到的理论知识进行反思，结合具体的实际情况，去伪存真。经过主动的思辨和反复的实践检验，形成自己对教学本质的看法。对教育教学本质的认知的发展是教师发展最根本的一个方面。

对教学理念和知识的主动建构。教师在职前阶段所形成的教学理念和知识与其他的理念与知识的形成并无两样。按照社会认知理论的观点，职前的学习，无论是书本学习，还是教育见习，都是间接观察学习。在学习过程中，准教师们或者通过观察老师和其他准教师们的教学活动，或者通过理解、思辨书本上归纳的知识和规则，来建构自己的教学理念和知识。在建构的过程中，准教师们会根据自己的信念有所甄别，有所选择，这是一个积极主动的过程。在入职之后，在日常的教学活动中，教师对教师理念和知识的认知继续发展。这是因为环境在改变，随着教师们对各种不同新环境认知的发展，教师的理念和知识也会相应改变。其发展改变的机制如图 4 - 4 所示。按照社会认知理论的观点，在职教师的自主学习更多的是直接学习，是通过自己的教学实践和反思来促进自己教学认知的发展。当然，在职教师也可以通过教学观摩、教师课堂互评等教研活动，间接地学习不同的教学理念和知识，推进自己的发展。按照社会建构主义的观点，无论是职前，还是在职，教师们关于学科知识、教学理念和知识的学习，都是积极主动的过程，都是在社会性的活动中形成新的知识，并且内化为自己的知识。

教师发展的平台。在职教师发展的平台就是身处其中的教育教学环境，这种环境是社会性的环境。我们分微观的课堂环境和宏观的社会环境两种情况讨论。首先来看课堂内的环境。课堂内，教师和学生一起开展教学活动，构成了一个社会性的环境。在这个环境中，教师基于自己信念与学生展开意义协商，一起建构意义。这符合社会建构主义中关于人们建构意义的社会协商方式的观点。同时，按照社会认知理论，对于教师来说，课堂内的一切，包括学生都是环境因素。教师与这些环境因素是互惠互利的。在协商性的课堂活动中，教师和学生一起建构的意义是双方互惠的，它包括两个方面：一方面，对于学生来说，所共同建构的意义内化之后就成为他们的知识；另一方面，对于教师来说，在课堂教学中，教师并不是单纯的付出者，他们也是有收获的。教师可以在意义协商的活动中得到教学理念、策略和方法的新感悟，这种领悟只能是在教学实践的环境中才能获得，也正是这种领悟推动着教师知识的增长、教学能力的提高、教学信念的发展。再来看课堂之外的宏观环境。课堂教学总是发生在一定的社会历史文化环境之中，每一个时期的教学都会受到当时社会上的文化和思想的影响。以外语教学为例，在不同的历史时期，为了符合当时社会需要的条件，人们对外语教学的认识会发生改变。在十九世纪前，外语教学的主要目的是阅读和翻译古典文献，根据这种需求，外语教学主要使用语法翻译法，教师主要传授语法和单词知识；到二十世纪初，随着国际贸易和交流的发展，为了满足日常交流的需要，外语教学主要使用直接法，教师主要强调培养学习者的口头交际能力，到二十世纪五十年代，为了满足军事目的需要，美国更盛行其听说法/视听法，外语教学突出强调听说能力；随着社会语言学的发展，到二十世纪下半叶，人们认识到语言和文化的关系，外语教学中开始强调外语文化的介绍；随着二语习得和认知语言学的发展，到二十世纪八十年代，强调语言的认知学习。随着社会的发展和人们对外语教学认识的日渐深刻，以上列举的这些外语教学观念和倾向的变化会一直持续下去。教师的发展就应该根据当时社会的教育教学环境，一方面顺应环境的变化而进行自我发展，另一方面通过自己的努力，改造周围的环境。但是无论如何，教师的发展离不开当时当地的社会性环境。

以教师信念为核心的教师认知动态循环发展。在本章提出的概念框架中，教师信念是教师认知发展的核心，同时教师信念的发展是教师发展的核心。之所以将教师信念认定为核心，其理由是因为它在教师从认知到教学行为的过程中起着举足轻重的作用：

第一，教师创新其实质是教师信念的创新。教师的教学行为只是教师决策的实施，是将教师认知中的行动方案外化、动作化，从教师决策到教学行为是简单的一一对应的关系。所以与其说一名教师的教学行为举措是否适当有效，倒不如说他的教学决策是否适当有效。而教师的决策并不是无中生有的。教师的决策依赖于自己的信念，教师信念的构成和特点决定其决策的特点。使用何种教学方法、选用何种教学材料、是否开展某项教学活动和怎样开展、使用何种课堂管理模式，所有这些有关教育教学方面的决策都依赖于教师的信念。教师进行决策的过程就是根据自己的信念、知识和能力储备，以及对即时环境的认知，做出选择的过程。笔者认为，如果教师在教学中做出了某项创新，那么这种创新首先不是教学行为和教学决策环节做出的，而是在教师的信念中做出的。因为教学行为只是教师头脑中的教学决策外化至教学活动之中的形式，而教学决策也仅仅是依据教师信念做出的选择，这种物质化的投射和基于有依据的选择不可能是创新，而只有教师思想信念的改变才有可能是创新。教师信念的创新传递至教师的行为，表现出教师的教学创新。

第二，教师信念是教师使用基本认知元素进行认知加工的对象。在教师认知系统中，教师所掌握的知识（知识）、教师对自己能力的认识（能力）、教师的人格特征（人格）和教师对环境的认知（环境），这四种基本元素，与其他可能存在，但在本文文献综述中未凸显出来的重要元素一起，在互动之中，共同形成教师的信念。因此，我们可以说教师信念是教师的知识、能力、人格和环境认知等多种教师认知元素的综合体现。教师知识量的增加和知识结构的变化、教师实际能力和自我效能感的提高、人格特征的变化，以及外在环境和教师对新环境的认知，任何一种元素改变都会推动教师信念的发展变化，从而促进教师的全面发展。

第三，教师信念在教师发展中的核心位置还体现在，它既可以影响后续的决策和行为，又能影响前面的知识、能力和环境认知。一方面，在教学过程中，教师根据已经形成的信念，再结合对即时环境的认知，做出教学决策，实施教学行为。这是一个从内部的教师认知传递到外部的教师行为的过程。另一方面，教师信念制约着自己知识的增长、能力的提高和对环境的认知。教师在建构自己的知识时，会受到现有信念的评判。在社会活动中与他人共建新的知识时，教师会倾向于建构与现有信念一致的知识。当然，在意义协商过程中，与现有信念不一致的知识也是可以建构的。正是这些不一致的新知识的加入，才可能推动教师现有信念系统的发展变化。从静态角度看，教师的信念直接制约着教师的自我效能感，班杜拉甚至认为自我效能感是信念的一种。人们自我效能感的高低取决于自己对自己的认识，也就是关于自己能力的信念。从动态角度看，教师通过基于信念的行为，得到结果反馈，通过反馈间接影响自己的效能感。当某项基于信念的教学行为取得积极肯定的结果反馈时，自我效能感就可能提高，否则就可能降低。教师的信念对环境认知的制约也体现在静态和动态两个方面：从静态看，教师的信念制约着他们对外部环境的认知；从动态看，教师通过基于信念的行为取得结果反馈，而后者会改变当时的外部环境，对新环境的认知无疑会改变教师原有的环境认知，所以从动态看，教师信念也能间接影响自己的内部环境认知。

以教师信念为核心的教师发展是动态循环的过程。如图 4 - 4 所示，教师发展是一个动态循环的过程。教师根据自己已经掌握的知识、能力，自己的人格特点和对环境的认知，形成自己的信念。根据自己的信念在教学活动中做出教学决策，教学决策可以是课前备课阶段做出，也可以是课堂教学过程中即时做出。教师按照自己的决策，开展计划好的活动，就成为教学行为。教师的教学行为会产生一定的结果反馈，该结果反馈可以是来自学生当时的反应，可以是来自学生的成绩进步情况，也可能来自非学生的其他环境因素。根据结果反馈，教师可以增长自己的知识、影响自我效能感，同时也会促进教师对环境的新认知。知识、能力、环境的改变有促成新一轮的发展过程。由于教学活动的复杂性，只要教师参与教学活动，活动中的环境总是各不相同的，每一次的教学活动都会促进以信念发展为核心的教师发展。

教师的创新发展植根于教学实践，形成于理论思考。教学实践指教师参与其中的教学活动，理论思考指以信念为核心的教师认知加工。在教学实践活动中，教师对新的环境会形成新的认知。这种对环境的新认知进入认知系统后，会与存储在其中的知识、效能感、个性特点，以及原来对环境的认知相互影响；同时教学实践活动也会增长教师的知识，改变其自我效能感。这些影响和改变与原有的信念形成“冲突—平衡—冲突”反复发生的过程，这就是教师认知发展的过程。从微观角度看，该过程中的每一次从冲突达到平衡的过程都是一个创新的过程；从宏观角度看，当这种平衡冲突的过程对教师信念产生的改变足以令其做出的教学决策产生改变时，就形成了外部可见的创新。教师创新的来源虽然来自于教学实践，但是其形成必须经过教师有意识的思考。这种思考主要基于其知识的改变，是理性的理论思考，而不是感性的随意变化。教师的创新归根到底是教师信念的创新。

4.4　小节

本章的主要内容包括：

建构主义的基本观点，包括认识论和学习论；

社会认知理论的基本观点，包括基本概念框架和学习论；

建构主义和社会认知理论的共同点；

Simon Borg 的教师认知概念框架；

本论文的概念框架；

本论文概念框架的理论解释。

在对建构主义和社会认知理论进行综述和分析的基础上，本文提出这两种理论有相通之处，主要体现在五个方面。

从人们对世界本体的认识来看，两种理论都认同现实是人的解释，而不是纯粹客观的存在。从人们认识世界的方式来看，两种理论都认同人是认识世界的主动者，而不是被动接受者。从人们发展的内部机制来看，两种理论都认同人的认知结构的内部调节和动态发展。从人们构建意义的平台来看，两种理论都认同社会环境和语言等符号的巨大作用。从人们发展的内部机制来看，两种理论都认同人的认知结构的内部调节和动态发展。从人们创造力的生成方式来看，两种理论都认同利用语言等抽象符号进行的形式运算。

在对 Simon Borg 所提出的教师认知的概念框架进行分析的基础上，结合第二和第三章在文献综述基础上提出的观点，本文提出了外语教师认知和实践的概念框架（详见本章 4.3.1.2 节和图 4－4）。该框架认为教师信念影响因素构成教师认知加工的基本元素。这些元素综合作用，形成教师信念。教师根据其信念，再结合对当时当地即时环境的认知，做出教学决策。教师将教学决策外化，形成教学行为。教学行为会引起一定的结果，这种结果形成一种反馈，反过来作用于信念影响因素。信念影响因素的改变，会促使新的信念的形成，又继续新一轮的循环过程。教师的发展就是这种以教师信念为核心的动态循环过程。

结合建构主义和社会认知理论的基本观点，本文提出的概念框架体现着如下特点：

教师发展中，对教育教学本质的认知依赖于教师在教育教学活动中的主观建构；

教师发展是对教学理念和教学知识的主动建构，而不是机械性地被动接受；

教师发展的平台是社会性的教育教学环境，教师在教育教学环境中成长；

教师发展的内部机制，是以教师信念为核心的认知发展，是一种动态的循环式发展过程；

教师的创新发展植根于教学实践，形成于理论思考。

第五章

研究设计

5.1 概述

本章主要介绍研究的目标、方法和步骤等方面的内容。

第二节介绍研究的目标。在研究目标的基础上提出为达到研究目标需要解决的问题。这些问题为描述和检验高校英语教师信念系统的核心维度构成状况而设立，需要通过调查结果提供答案。

第三节介绍研究对象。研究对象根据调查的方法分为两类：第一类是问卷调查对象，第二类是访谈对象。对研究对象的介绍主要包括他们的背景情况，信息来源于他们在问卷中的反馈。这些情况包括性别、年龄、职称、学历、教龄、学术方向、所授课程等几个方面。

第四节介绍研究方法。本研究主要采用问卷调查法和访谈法。本节的主要内容是根据这两种方法的特点介绍它们在本研究中的作用，并解释使用它们的原因。

第五节具体介绍研究工具的设计。本节详细地介绍了调查问卷的设计理据、结构、各分量表的调查维度，以及基于维度上的具体问卷题项的设计。访谈提纲围绕着本研究的目标，在调查问卷数据的基础上进行设计，其目标是通过有一定深度的面对面交谈，搜集问卷调查所无法搜集的信息。

第六节介绍本研究的思路和步骤。其中研究思路涉及关于整个研究的思考，研究步骤主要涉及调查实施的过程。

第七节介绍数据分析的方法。包括对问卷数据的定量分析和对访谈数据的定性分析两个方面。对数据分析的介绍包括分析方法和分析步骤两项内容。

第八节是对本章主要内容的小结。

5.2 研究的目标与问题

本文的研究目标是建构并检验高校英语教师的教学认知与行为的理论图式，其重点是图式中教师的信念部分。因为建构和验证这样一个复杂的理论图式需要从不同角度，以不同内容为重点进行大量的研究论证，这不是本书单独所能完成的，因此本书在建构起该图式后，仅讨论其中的信念系统的构成部分。从全书各部分的作用来看，文献综述和分析部分主要服务于高校英语教师教学认知与行为理论图式的建构，关于调查方法、问卷和访谈的设计、调查数据的分析等其他部分的内容服务于对该理论图式中高校英语教师的信念系统构成的调查和检验。

围绕着主要研究内容，本研究主要探讨以下问题：

（1）高校英语教师群体的信念系统由哪些核心维度构成？

（2）这些核心维度包含哪些子维度？

（3）高校英语教师信念系统各核心维度有哪些特征？

对以上问题的研究和回答依赖于对现有文献的综述和逻辑分析，以及本研究中问卷及访谈调查反馈的数据。

5.3 研究对象

本研究的对象是国内高校的英语教师，包括英语专业教师和大学公共英语教师。具体调查了八所高校，它们在学科特色、行政管理归属、性质、所处城市等方面有一定代表性，总体上偏向重点高校和位于中心城市的高校。为了修改编制的问卷，笔者首先在一所高校进行了预测和随机的简单访谈。预测和简单访谈的反馈主要用于修改问卷初稿，以确定正式用于调查的问卷。八所实施正式问卷调查的高校分布见表 5 -1。

表 5－1　问卷调查的高校和教师分布

学科特点		学校性质		行政管理归属		学校地位		学校所处地点	
综合性	非综合性	师范类	非师范类	部/委属院校	省属院校	"211"工程建设学校	非"211"工程建设高校	省城	地级市
1	7	2	6	6	2	5	3	7	1
32	286	136	182	252	66	223	95	280	36

注：1. 本表中关于所调查学校的特点、性质、管理归属、学校地位的信息来源于中国科研与计算机网（www.edu.cn），查阅时间为2010年9月1日。

2. 本表第三行的数字为所调查大学的数量，第四行为从该大学回收的有效问卷数量。

3. 学科特点栏目内非综合性高校包括理工类（3所）、师范类（2所）、民族类（1所）、财经类（1所）。

问卷调查对象的背景情况可以归纳为三个方面：工作特点、工作身份和生理特征。工作特点包括教龄、个人学术方向、主要教授的课程和所教学生的专业三项。工作身份包括职称和学历两项。生理特征包括性别和年龄两项。在英语教师的个人学术研究方向中，由于语言学研究包括的分支方向很多，而从研究人数来看，教学研究是其中很大的一支，因此将其单列为一项与语言学、文学和翻译并列。一名教师所教授过的课程可能很多，此处主要教授的课程指该教师教授年数最长的课程。所教学生分为英语专业学生和非英语专业学生。教师职称包括助教、讲师、副教授和教授四级，同级之内不分等级。学历指最高学历，包括正在攻读的学历。接受问卷调查并返回有效问卷的教师背景情况如表5－2。

表 5－2　问卷调查受试背景情况

类别	子类	人数	占比（%）
性别	男	89	28
	女	229	72
年龄	29岁及以下	49	15.4
	30～39岁	165	51.9
	40～49岁	80	25.2
	50～59岁	23	7.2
	60岁及以上	1	0.3

续表

类别	子类	人数	占比（%）
职称	助教	23	7.2
	讲师	165	51.9
	副教授	108	34
	教授	22	6.9
学历	学士	40	11.9
	硕士	223	70.1
	博士	55	17.3
教龄	0～5年	39	12.3
	6～10	95	29.9
	11～15	69	21.7
	16～20	47	14.8
	21～25	41	12.9
	26～30	14	4.4
	超过30年	13	4.1
学术方向	语言学	77	24.2
	外语教学相关	126	39.6
	文学	50	15.7
	翻译	57	17.9
	其他	8	2.5
发表论文数	0篇	10	3.1
	1～3篇	99	31.1
	4～6篇	102	32.1
	7～10篇	45	14.2
	超过10篇	62	19.5
所教学生专业	英语专业	148	46.2
	非英语专业	170	53.8

续表

类别	子类	人数	占比（%）
主要教授课程	综合英语（精读）	107	33.6
	阅读（泛读类）	19	6
	视听类	23	7.2
	口语类	20	6.3
	写作类	12	3.8
	翻译类	21	6.6
	语言学（理论类）	15	4.7
	文学类	12	3.8
	教学法（学习策略类）	12	3.8
	英美概况类	6	1.9
	大学英语综合课	103	32.4
	大学英语读写课	83	26.1
	大学英语听说课	67	21.1
	语音类	8	2.5
	语法类	7	2.2
	其他类	2	0.6

注：1. 本表数据除了“所教学生专业”项外，其他项均来自调查问卷第一部分。
2. “所教学生专业”来自于所调查8所高校的联系人，这些联系人熟悉受试的情况。
3. 除了“主要教授课程”项目是多选题以外，其他各项均为单选题。

在问卷调查结束之后，针对问卷结果呈现出的特点，对八名英语教师进行了访谈。八名受访教师的背景情况见表5－3。

表5－3　访谈受试背景情况

受访教师	学术方向	学历	职称	教龄	所属单位
教师A	语言学	博士	副教授	9	英语专业
教师B	语言学	博士	讲师	3	英语专业
教师C	外语教学	硕士	副教授	23	英语专业
教师D	外语教学	硕士	讲师	9	英语专业

续表

受访教师	学术方向	学历	职称	教龄	所属单位
教师 E	文学	博士在读	讲师	10	英语专业
教师 F	文学	博士在读	讲师	8	英语专业
教师 G	翻译	博士	副教授	10	英语专业
教师 H	翻译	硕士	副教授	15	大学英语

5.4 数据采集方法

5.4.1 问卷调查法

一般来说，用于研究的数据分为两类：量化数据和非量化数据。研究者一般使用调查问卷和结构式访谈来获取量化数据，而使用开放式或半结构式访谈来获取非量化数据。当然，如果问卷中有开放式问题，也可以获得非量化数据，而从深度访谈中也可以获取简单的计数统计数据。如果采用内容分析的方法，既可以获得量化数据，也可以获取非量化数据，获取何种数据取决于研究者的选择（Blaikie 2000：273）。

由于便于大范围收集数据，操作起来较为简便，因此问卷调查广泛地应用于社会科学研究。在国内外的外语教学研究中，问卷调查的方法也得到广泛应用。从 2001 至 2006 年间发表在十种外语类核心期刊上的文章中就有 126 篇采用了问卷调查的方法。高质量的标准问卷具有三种特点：实施起来经济、简便、易行；能较准确地反映受试的真实情况；数据易于统计和分析（秦晓晴 2009：2～4）。此外，通过问卷调查可以涉及众多不同的变量，并可以对不同变量的关系进行分析和探讨。问卷调查的受试一般是通过抽样选取的。抽样方法主要有四种：简单随机抽样、等距抽样、分层随机抽样、集群抽样（蔡笑岳 2007：104～107）。

本研究中的问卷调查采用的是分层随机抽样和简单随机抽样相结合的方法。本研究的样本数量不是特别大，之所以选择这种抽样方法，是因为这样能够保证所抽取的有限数量的样本能够具备一定的代表性，能够反映各级各类高校英语教师的观点。具体做法是：第一步，列举所调查省份的所有高校；第二步，从众多高校中选取八所，这八所高校各具特点，在学科特色、行政管理归属、性质等方面有一定代表性；第三步，所选定的八所高校的调查实施者（他们也是各校外语学院英语专业的教师和本调查的各高校联系人）通过简单随机抽样的方式确定受试。

5.4.2 访谈法

访谈是一种研究型的交谈，调查者通过与受访者以口头谈话的形式进行交流，从而获取研究所需的量化或非量化数据。

和问卷调查法相比，访谈法有其特点。蔡笑岳将这些特点归纳为三个方面。第一，可获取更丰富、详尽、深入的资料。第二，调查过程较灵活，调查者的主动权较大。第三，适用人群更广泛。访谈有不同的类型，按照标准化程度，访谈可以分为结构式访谈、开放式访谈和半结构式访谈；按照访谈对象的个数，可以分为个别访谈和集体访谈（蔡笑岳 2007：119～120）。

本研究中的访谈，从标准化程度看属于半结构式访谈，从访谈对象的个数看属于集体访谈。之所以选择半结构式和集体访谈，是因为这种访谈既便于研究者调控访谈的内容和进程，同时通过集体讨论，还可以获取不同访谈对象有深度的观点。具体步骤为：第一步，根据研究的目标和需要解决的问题，设计结构性问题；第二步，在问卷反馈数据的基础上，设计各结构性问题的启发性问题；第三步，实施半结构式访谈。

本研究的数据同时使用问卷调查和访谈两种方法，在八所不同的高校获取，一方面是为了研究目标的需要，另一方面是为了满足数据收集方法多元化的要求。

从研究目标来看，本研究既需要调查不同高校英语教师信念的状况，也需要调查影响教师信念的诸多因素。为了获取不同类型学校教师的信念及其影响因素的共性特征，使用问卷进行调查是合适的方法。但是，单纯的问卷调查难以了解较深层次的信息。因此访谈的使用是为了弥补问卷的不足，通过访谈，一方面可以了解问卷没有包含在内的教师信念特征，更主要的是可以了解影响教师信念的深层次原因。

数据研究多元化最大的优点是避免对数据采集和使用的单一化，提高根据数据所做出的结论的可靠性。研究数据多元化的方法有五种：数据本身来源多元化、调查研究者多元化、数据收集方法多元化、数据收集时间或地点多元化和数据分析理论视角多元化，这五种多元化要求并不需要同时具备（Freeman 2005：97）。按照这种分类，本研究的方法同时基本满足了数据收集方法多元化和数据收集地点多元化这两种多元化标准。

5.5 研究工具的设计

调查问卷总体上分两个步骤编制，第一个步骤是编制预试问卷，第二个步骤是修订预试问卷，编制正式调查问卷。预试问卷中的调查项目围绕本研究的目标，以相关文献和部分教师的反馈意见为基础，按照本文提出的教师信念及其影响因素的概念框架，进行设计、挑选和修改，最后确定了266个题项。

预试问卷的编制按照以下四个步骤进行。

第一步，确定所要调查的问题，每个大的问题为一部分，构成一个分量表。

第二步，确定各调查问题的维度和分维度，分维度围绕各自的维度展开，构成各分量表的调查项目。

第三步，设计各维度内的调查题项，即根据调查项目，编制各分量表的具体题项。

第四步，修改、确定调查题项。

围绕着本研究需解决的问题，除了受试的基本情况部分外，问卷主体调查英语教师信念的五个核心构成维度，以描述他（她）们在外语（英语）语言观、英语教学观、英语学习观、师生角色观和外语（英语）教学专业观五个方面信念的构成状况。

5.5.1 基本情况部分

基本情况部分收集受试教师的背景情况。分为3个维度：工作特点、工作身份和生理特征。其中工作特点维度下包含教龄、个人学术方向、主要教授的课程和所教学生的专业4个分维度。工作身份维度下包含职称和学历2个分维度。生理特征维度下包含性别和年龄2个分维度。

基本情况部分的维度、分维度及对应的问卷题项见表5-4。

表5-4　调查问卷教师基本情况部分设计

分量表	调查维度	分维度	问卷题项
教师基本情况	工作特点	教龄	您的外语教龄是__________年。
		个人学术方向	您的主要学术研究方向是：__________。
			您在您的主要学术研究方向写作和发表过论文__________篇。
		主要教授的课程	您教过下列哪些课程：__________。（本题可多选）
			您长期教授的课程是：__________。（本题可多选）
	工作身份	所教学生的专业	您本学期教授的课程是：__________。（本题可多选）
	生理特征	职称	您的职称是__________.
		学历	您的最终学历学位是（含正在攻读的学位）__________.
		性别	您的性别：__________。
		年龄	您出生于__________年。

注：“所教学生的专业”维度不另设问卷题项，其调查结果综合考虑“主要教授的课程”分维度的各题的选项和各调查点联系人的所提供的信息。

5.5.2　教师信念部分

第三章在文献综述的基础上建构了英语教师信念的五个核心维度，它们是以教学活动为中心的五个方面的信念，即英语语言观、英语教学观、英语学习观、师生角色观和英语教学专业观。这五个方面的信念涵盖了英语教学活动的对象、活动本身和参与者这些最基本的元素。下文讨论英语教师信念五个维度在问卷题项中的体现。

英语语言观

第三章3.3节通过对语言观相关文献的梳理和讨论，归纳出与语言教学关系密切的七种语言观：工具观、生物机体观、系统结构观、天赋能力观、社会现象观、认知能力观和意义功能观。这七种语言观构成了关于语言观部分调查的七个调查项目。由于各种语言观都是对“语言是什么”这一本质性问题的回答，其表述不是非常复杂，所以在问卷中，将每一种语言观的核心观点用一句话概括表述出来，形成问卷的具体调查题项，以考察受试教师对它们的认同程度（具体题项见表5－5中“英语语言观”部分）。

英语教学观

第三章3.4节在文献综述的基础上将英语教学观（教授）的分维度归纳为三个：关于英语课堂中心的信念、关于英语教学方法的信念和关于英语教学目标信念。这三个分维度构成了关于教师英语教学观的三个调查维度。

关于英语课堂中心信念分维度，第三章3.4节将其总结为以教师为中心和以学生为中心两种情况，这两种情况构成关于课堂中心信念的调查项目，其对应的问卷题项见表5－5中“课堂中心观”部分。

关于英语教学方法信念的分维度，根据第三章3.4节的文献总结和分析，我们直接采用Horwitz（1985）制定的《外语态度量表》。该量表在Garcia，Reynolds和Savignon（1974）制定的量表的基础上精简修改而成。《外语态度量表》被后来研究教师信念的学者广为使用，对于测量教师的教学信念有着较高的信度和效度（见Harrington &. Hertel 2000等）。该量表检测教师关于教学方法的选择和运用的三个方面的信念，这三个方面构成本部分的三个调查项目，即：对语法翻译法的信念，对听说/视听法的信念和对交际法的信念。

《外语态度量表》包含25道题，构成本部分问卷的25个题项。原量表由英文编纂，在引入本研究的问卷时，首先由研究者根据原文翻译成汉语，并根据在中国母语是汉语，英语是外语的情况作了适当修改，然后将原文和译文交给某部属师范大学的两位研究方向为翻译学的英语副教授修订，最后讨论和综合她们的修改意见确定译文。该量表译文详见表5－5中“教学方法观”部分。

关于英语教学目标的分维度，依据第三章3.4节的相关总结和分析，我们直接采用Johnson（1992）制定的《信念量表》（Beliefs Inventory）。该量表对于测量语言教师关于教学目标倾向的信念有较高的信度和效度。它将英语教学目标分为三种，即以技能为目标的教学、以规则为目标的教学和以功能为目标的教学，它们构成问卷本部分的调查项目。

《信念量表》包含15道题目，构成本部分的15个问卷题项。量表原文为英文，引入本研究时的汉语译文处理办法同《外语态度量表》。该量表译文详见表5－5中“教学目标观”部分。

英语学习观

关于教师的语言学习观维度的测量，我们直接采用 Horwitz（1985）开发的《语言学习信念量表》（BALLI，Beliefs About Language Learning Inventory）。BALLI 包含 27 个题项，分为四个维度，即关于外语学习天赋、外语学习困难、外语学习本质和外语学习策略的信念。Horwitz（1988）将 BALLI 扩展到 34 个，增加了一个维度：关于外语学习动机和期望的信念。Horwitz 使用 BALLI 收集外语教师和学生关于二语或外语学习的信念，调查涉及的语种包括英语、法语、德语和西班牙语。现在被研究者使用的 BALLI 有三个版本：Horwitz（1985）版本的调查对象是外语教师，Horwitz（1987）版本的调查对象是学习第二语言的学生，Horwitz（1988，1990）版本的调查对象是学习外语的学生。BALLI 自从 1985 年被开发出来，被研究教师和学生的学者广为使用，这些研究确认了 BALLI 的有效性（Kuntz 1996，Horwitz 1999）。Richards &. Lockhart（2000：50～51）将 BALLI 教师版的题项减少为 23 个，本研究在他们的版本上将题项减少为 21 个（删掉的两道题为选择题，不适合改编为本问卷的题型。BALLI 所调查的外语学习天赋、困难、本质和策略四个维度的信念构成本部分问卷的四个调查项目。具体题项译文见表 5－5 中“英语学习观”部分。

师生角色观

第三章 3.6 节从教育心理学、学校机构背景、教学方法、教师个人、文化背景五个角度，以教师为主，讨论了教师和学生的各种角色。这些角色层次不一（如学校和院系层次的角色和课堂教学中的角色）、种类众多（每一种视角都可以归纳出多种角色）、交叉重叠（不同视角下的角色有些是交叉重复的），因此本研究的调查没有将它们一一列出，而是以课堂教学层次的角色为重点，将它们整合在一起，初步形成以教师角色观为主、学生角色观为辅的两个调查项目。围绕着这两个项目，共设计了 19 个问卷题项，详见表 5－5 中的“师生角色观”部分。

英语教学专业观

从第三章 3.7 节的文献综述可以看出，关于教师英语教学专业观的针对性研究相对较少，主要集中在英语教学究竟是否专业、英语教师怎样进行专业发展、英语教学的专业素质和态度几个方面。因此，问卷中本部分的调查集中在教师对英语教师作为专业的认同度方面，由此形成从业人员要求、专业发展、专业人员发展和专业态度四个调查项目，每个项目用一个问卷题项表述（详见表 5－5 中“英语教学专业观”部分）。

本节介绍了构成高校英语教师信念五个维度的问卷调查设计，分量表、调查维度（调查项目）和问卷题项的对应关系总结如表5－5。

表5－5　高校英语教师信念调查维度设计

<table>
<tr><th>分量表</th><th colspan="2">维度
（调查项目）</th><th>问卷题项</th></tr>
<tr><td rowspan="7">英语语言观</td><td colspan="2">语言工具观</td><td>语言是用以思维、阅读与交际的工具。</td></tr>
<tr><td colspan="2">语言生物机体观</td><td>语言是自然界的物体、一种自然的有机体。</td></tr>
<tr><td colspan="2">语言系统结构观</td><td>语言是由语音、语法、词汇等结构上互相联系的元素构成的、传达意义的系统。</td></tr>
<tr><td colspan="2">语言天赋能力观</td><td>语言是天赋的、具有生物学基础的、一种独立的能力。它由普遍语法和词库构成。</td></tr>
<tr><td colspan="2">语言社会现象观</td><td>语言是一种社会现象，随社会的发展而发展。</td></tr>
<tr><td colspan="2">语言认知能力观</td><td>语言是个体在社会文化、生理基础和其他认知能力作用下形成的一种认知能力。</td></tr>
<tr><td colspan="2">语言意义功能观</td><td>语言是表达功能、意义的载体。</td></tr>
<tr><td rowspan="11">英语教学观</td><td rowspan="2">课堂中心观</td><td>教师为中心</td><td>外语课堂应该以教师为中心。</td></tr>
<tr><td>学生为中心</td><td>外语课堂应该以学生为中心。</td></tr>
<tr><td rowspan="9">教学方法观</td><td rowspan="4">语法翻译法观</td><td>英语难学。</td></tr>
<tr><td>学习语法知识很重要。</td></tr>
<tr><td>笔试基本能够反映学生英语课程学习的成绩。</td></tr>
<tr><td>如果学生有了汉语语法的基础，再学习英语会容易些。</td></tr>
<tr><td rowspan="5">听说法/视听法观</td><td>学生继续学习英语的动机和他们英语口语水平的提高直接相关。</td></tr>
<tr><td>学生应该用完整的英语句子回答问题。</td></tr>
<tr><td>教师应该时刻要求学生用正确的英语表达。</td></tr>
<tr><td>英语的发音和音标应该在教学之初就分别教给学生。</td></tr>
<tr><td>英语学习能力是天生的。因此，能学好母语就能学好外语。</td></tr>
</table>

续表

英语教学观	教学目标观		语音室是英语教、学不可缺少的设备。
			应该从小学就开始学习英语。
			在英语教学中，最应该强调听和说。
			教师自己的英语流利并不是保证有效交际教学的先决条件。（ * ）
			语言学习应该有趣味性。
		交际法观	“熟练掌握某种语言”包括听、说、读、写、各方面。
			一个好教师不需要通过音、视频就能够进行有效的英语教学。（ * ）
			播放音频、视频的英语课程能提高学生英语学习的兴趣。
			学好英语需要充分的个人自觉。
			就口语而言，问题是缺少检测口语能力的客观方法。
			英语教学中使用文化方面的材料会增强学生说英语的动机。
			结构、句型练习不能给学生使用英语提供有意义的环境。
			现在的学生不愿意学英语，因为他们不愿意为了工作花时间学一门新语言。
			在教授英语会话时应该创设真实的生活场景。
			在英语学习过程中，犯错误应该看作是自然的，不可避免的。
			能用英语交流不仅仅需要语法知识。
			只要我们的学生听、练英美人士的口语表达，他们就在学习英语。
		以技能为目标	帮助学生对引起错误的语言结构进行大量口头练习，会有利于他们口语的提高。
			语言可以看作是一系列的行为，可以通过对语言结构的大量机械性操练学会。
			英语学习者在掌握了听、说的基本技能后才能进入读、写训练阶段。
			没有必要特意地去教学生的口语，条件成熟，他们自己就会开始说。

续表

英语教学观	教学目标观	以规则为目标	即时纠正学生口语中的错误并在事后讲解，有助于他们口语的提高。
			一般来说，要想讲流利的英语，学生需要理解英语语法规则。
			如果学生懂一些基本的英语语法规则，他们就可以据此创造出大量的新句子。
			如果我们的学生练习地道英语的语言结构，可以仿照这些结构，造出新句子。
			语言可以被看作是由学习者有意识地学习和控制的系列语法结构。
			在我们的英语教学中，清晰准确地呈现、讲解语法结构是很重要的。
		以功能为目标	只要学生试着清楚地表达自己的意思，他们就是在学习英语。
			只要我们的学生听、练英美人士的口语表达，他们就在学习英语。
			对学生而言，一般来说，将注意力放在说话的内容上比放在语言形式上更重要。
			当我们的学生犯口语错误时，只要不影响理解，就忽略这些错误。
			语言可以被看作是有意义的交际，它在社会情景中无意识的获得。
英语学习观	外语学习天赋信念		少年儿童比成年人学外语更容易。
			有些人在外语学习方面更有天赋。
			我们国家的人擅长学习外语。
			已经掌握了一门外语的人学习另一门外语要容易些。
			擅长数学、科学的人不擅长学外语。
			女性比男性要擅长学习外语。
			讲多种语言的人很聪明。
			每个人都可以学会讲外语。

续表

英语学习观	外语学习困难信念	有些语言比另外一些语言学起来容易些。
		说外语比理解外语要容易些。
		读、写英语比听、说英语要容易些。
	外语学习本质信念	使用英语，有必要了解英语国家的文化。
		在英语国家学习英语是最好的。
		外语学习中最重要的部分是词汇学习。
		外语学习中最重要的部分是语法学习。
		外语学习和其他专业科目学习不同。
	外语学习策略信念	在说英语时，优美的发音很重要。
		除非你能够正确表达，否则就不要开口说英语。
		外语学习中，大量的重复和练习是很重要的。
		如果允许学生初学英语时犯错误，他们以后很难将错误纠正过来。
		外语学习中，利用磁带、MP3 等音频设备进行练习很重要。
师生角色观	关于教师角色的信念	外语教师不是权威，而主要是一个合作引导者，引导、帮助学生达成学习目标。
		外语教师主要是语言知识提供者。
		外语教师主要是学生的改造者，创造学习机会帮助学生改变、挑战和超越自己。
		外语教师是一个培育师，主要是激发学生的潜能，促进他们的发展。
		外语教师是创新者，不断将新方法应用于课堂教学实践。
		外语教师的主要角色是学习活动的设计者和安排者。
		外语教师的职责是组织和管理课堂环境及学生行为，使学生的学习效果最大化。
		外语教师应该充当学生英语的质量控制者，肯定正确的用法，纠正错误的用法。
		外语教师的主要角色是小组学习的组织者，给学生创设小组合作学习的环境。

续表

师生角色观	关于学生角色的信念	外语教师的主要作用是帮助学生发现自己的学习方式，能独立学习。
		外语教师的主要角色是激发学生英语学习的兴趣和信心。
		外语教师的职责是授权学生自主决定要学的内容及学习的方式。
		外语教师应该将全班看作一个学习小组，自己是小组中的一员。
		学生英语学习成绩的好坏主要责任在教师。
		课堂教学中，老师是主角，学生应该配合老师上好课。
		课堂上，教师的地位应该高于学生。
		学生英语学习成绩的好坏主要责任在学生。
		课堂教学中，学生是主角，老师应该按照学生的需要上好课。
		课堂上，师生的地位应该是平等的。
英语教学专业观	从业人员要求	英语教学需要教师有扎实的专业基础。
		英语教学本身是一个不断发展的专业。
	专业发展	英语教学需要教师孜孜以求，不断学习提高。
	专业人员发展	英语教学是一个普通的职业，完成任务即可。（＊）
	专业态度	

注：表中带有＊的问卷题项是反向题，统计分析前需做反向计分处理。

5.6 研究思路

本研究从外语教师认知理论研究深入发展的需要和高校外语教师学习的实践需要出发，在阅读和分析教师认知，特别是教师信念相关文献的基础上，从教师认知到实施教学行为的顺序过程的角度，提出以教师信念为核心的教师认知与实践关系的概念框架，通过问卷和访谈调查，解释和验证本文提出的概念框架。本研究的大体步骤如图 5－1 所示。

整个研究大体可以分为三个步骤：选定研究题目、建构理论框架、检验理论框架。

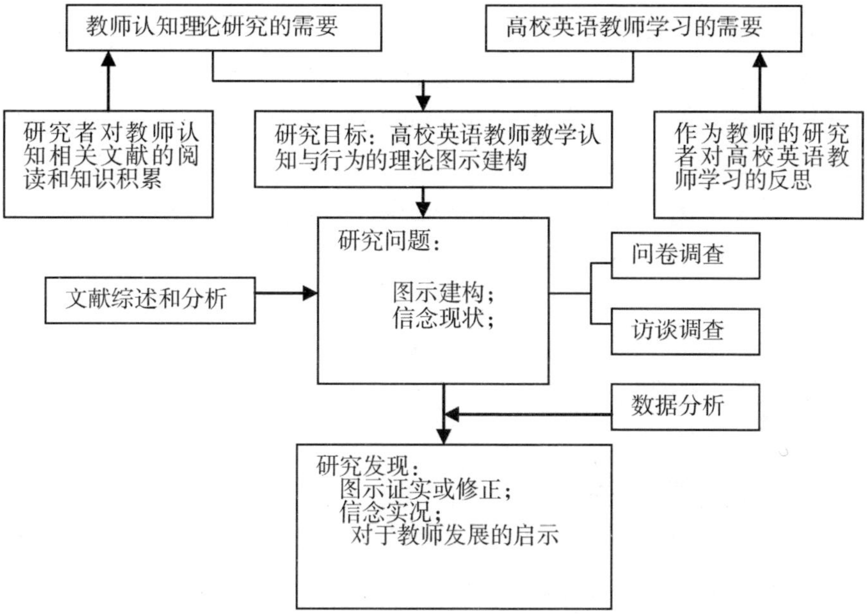

图 5 -1 本研究的步骤

5.6.1 选定研究题目

本研究的题目除了考虑外语教师认知理论研究的需要以外，还有着来自新时期高校外语教师学习实践的需要。作为一名高校英语教学的从业者，研究者深深体会到高校外语教师加强专业学习和教学业务学习的必要。新时期的教师学习不再是以集体性的教学知识和教学技能的培训为主，也不再是自外而内、自上而下的理论教育为主，而是以教师自主、自发的行动研究为主。而行动研究最根本的特点是由教学过程中出现的新问题引发，以解决该问题为目的。这个从发现问题到解决问题的过程涉及教师反思的环节，教师的反思是教师认知加工的一部分，它有时是自发而无意识的。在这种情况下，教师需要一个理论框架，以便他们有意识、有判断地去进行反思，在反思过程中有意识地改造自己的教学信念，推进自己对教学认知的发展，以形成对教学行为的长效影响机制，而不是单纯地为了解决一个具体问题而去开展行动研究。本研究试图建构并检验这样一个以教师信念为核心的教师认知与实践联系的理论框架，以供高校外语教师进行有意识学习时参考。

5.6.2 建构理论框架

研究目标和问题确定之后，下一步就是建构理论框架。理论框架的建构基于对相关文献的综述和分析。通过综述和分析，定义本研究所涉的基本概念，对文献中的研究发现做出符合逻辑的推理。本文第二、三两章在界定信念、教师信念、英语教师信念之后，提出高校英语教师信念的结构维度框架，并对各维度的涵义展开论述。这些论述也是基于现有相关文献展开。在该部分完成之后，建构教师信念与教学行为之间的关系结构，其中包括教师信念与教学决策的关系，教学决策与教师行为的关系，教师信念与教师行为的关系。在第二章和第三章论述的基础上，论文第四章综合提出完整的教师认知和行为关系的理论框架。

5.6.3 验证理论框架

对第四章提出的理论框架进行检验的方法是调查研究。调查形式包括问卷调查和访谈调查。

基于第二和第三章对教师信念各构成维度，以及可能的信念影响因素涵义的综述，分几个部分编制调查问卷。先编制预试问卷，根据预试的结果和简单访谈反馈，修订预试问卷，编制出正式问卷，然后实施正式问卷调查。在对正式问卷调查结果进行分析的基础上，有针对性地设计访谈提纲，然后实施半开放式访谈调查。最后综合分析问卷数据和访谈数据，证实或修订理论框架。关于问卷和访谈数据的整理和统计分析步骤将在5.7节予以说明。

5.7 数据统计分析方法

本文的数据分为两类：来自问卷调查的定量数据和来自访谈的定性数据。

5.7.1 问卷数据整理和检验

正式调查问卷回收之后，研究者对其进行了整理。整理工作分五个步骤进行：（1）排除无效问卷；（2）问卷编号；（3）数据编码和录入；（4）数据整理；（5）问卷检验。

研究者逐份翻阅了全部问卷，由于问卷调查组织较为严密，虽然有个别受试对于个别问题未作答以外，没有发现大面积未作答的情况，也没有发现不按要求答题的情况。因此回收的318份全部为有效问卷。

问卷编号采用6位数字：前两位代表所调查学校，第三位代表受试是英语专业教师还是公共英语教师，后三位代表问卷的顺序编号。其中对受试是英语专业教师还是公共英语教师的判断基于他们对问卷背景调查部分关于所授课程的选择，结合各调查学校的联系人所提供的信息确定。

数据录入之前需要对问卷各题，即各变量及其选项进行编码，定义各变量的标签名、类型、变量内各选项的代码、缺省值设定等。这些工作直接在数据统计分析软件PASW的“变量视图”页中直接设定。编码工作完成之后，将问卷数据录入PASW中的“数据视图”。

由于录入PASW中的数据反映的是受试的选项，需要通过数据整理将其变为用于后续统计分析的数值。数据转换工作包括四个方面，第一是将反向题目的选项转换成正向题目的选项；第二，处理异常值；第三是将各题中的选项赋值；第四，处理缺省值。本研究中，除问卷第一部分外，其他部分的赋值根据选项1～5分别对应赋值1～5，即各题中选1的得1点，选5的得5点。对于异常值的处理，通过PASW中描述统计中的频数统计发现异常值，然后对照原始问卷，确认是否输入错误，予以订正。对于缺省值处理，本研究中采用的是插值方法，由PASW自动用所有样本中变量的平均值替换该变量中的缺省值。

问卷检验包括信度检验和效度检验两部分，本研究中的问卷不宜做区分度检验。信度检验检测问卷的可靠性，一般分外在信度检验和内在信度检验两种。外在信度检验通过对累计检验结果进行比较来验证问卷的信度，它需要使用相同或相似的问卷多次收集数据（秦晓晴2009：212）。因为该问卷调查是一次性实施完成，所以无法进行外在信度检验，数据整理完成之后，问卷整体、问卷中的各分量表、分量表中的维度均通过PASW软件进行内在信度检验。效度检验是检测调查工具可以在多大程度上准确地测量所要测量的东西。一般情况下，外语教学问卷调查研究只需要做内容效度和结构效度检验（秦晓晴2009：224）。内容效度涉及问卷项目的关联性以及问卷的覆盖范围。内容效度的检测属于定性分析，一般可以通过研究者自评、专家评价和受访者评价三种方式进行。问卷根据研究者构建的理论框架设计，问卷设计部分的解释表明，研究者对该问卷的内容效度自评良好。在问卷设计出来后，研究者将该问卷交给华中地区某师范大学英语系的三名英语教授进行测评，三名教授的学生方向均为语言学，其中两名是应用语言学。他们对问卷的内容效度评价良好。在问卷测试完成之后，研究者对部分受试作了随机简单访谈，他们反映问卷题目之间关联性较强，问卷内容所涉及的方面与研究者的设计一致。对于结构效度的检测，本研究通过 PASW 中的因子分析进行检测。因子分析的详细步骤和结果见第六章。区分度指问卷项目对所要测量内容的区分灵敏度或鉴赏能力。在本研究的问卷中，因为涉及对教师信念的维度和教师信念影响因素的调查，有可能出现绝大多数受试教师公认的信念维度和影响因素，即使问卷题项中有不能区分不同个体的情况，也属于正常情况，对该问卷进行区分度检验的意义不大。因此，在第六章问卷检验部分只做信度和效度检验，不做区分度检验。

5.7.2 问卷数据分析方法

本研究中对问卷的数据分析采用三种方法。

第一种是简单描述性统计分析。主要包括各分量表中各小题的平均分和标准差。进行这种统计分析的目的是为了在进一步分析数据之前提供一个关于问卷反馈数据的直观整体概观。

第二种是因子分析。因子分析以分量表为单位进行，如果分量表内包含多个维度，则进一步以分量表内的维度为单位进行。在进行因子分析之前，首先对相关矩阵进行检验，确认是否适合进行因子分析。如果 KMO 值表明可以进行因子分析，则通过主成分分析法抽取共同因子、确定因子的数目。进行因子分析的目的是为了根据问卷反馈数据找出各维度内的题项归类所依托的因子，便于问卷效度检验以及后续的数据分析；同时因子分析也可以检验出因子负荷最高的题项，可以用于以后压缩和修订问卷的依据。因子分析是问卷结构效度检验的主要方法，因此，调查问卷各维度内的因子分析无需另外单列章节，而是置于第六章的问卷结构效度分析部分进行。

第三种是单因素方差分析。它以因子分析的结果为基础，比较教师信念各维度内分维度之间的差异。

5.7.3 访谈数据分析方法

访谈数据的分析采用专题内容分析法。具体操作步骤为：

第一步，按照半结构式访谈提纲，转写、整理各部分的访谈对话内容；

第二步，以访谈问题为纲，提取出受访教师对这些问题的回答要点；

第三步，在本书的“调查结果与分析”章节中归纳、报告访谈结果；

第四步，在本书的“讨论”章节中摘取相关访谈数据用于印证、解释问卷调查结果，或者用于支撑本文作者的分析和推断。

5.8 小结

本章介绍了以下内容：

（1）本研究的目标与问题；

（2）研究对象；

（3）研究方法；

（4）研究工具设计的理据和过程；

（5）研究的总体思路；

（6）定量和定性数据的分析方法。

通过对这些内容的介绍，本章说明了以下内容：

本文的研究目标是建构并检验高校英语教师的教学认知与实践的理论图式，其重点是图式中教师的信念构成维度部分。围绕该目标，研究需解决三个问题：（1）高校英语教师群体的信念系统由哪些核心维度构成？（2）这些核心维度包含哪些子维度？（3）高校英语教师信念系统各核心维度有哪些特征？

研究对象是高校英语教师，具体调查对象是华中地区八所各级各类高校中的318名英语教师。

数据采集方法包括问卷调查法和半结构式深度访谈法。调查问卷的设计以本文第二、三章中的文献综述和第四章中的理论论述为基础。问卷包含基本情况和英语教师信念两个部分。正式调查问卷的编制以预试问卷及其反馈结果为基础。访谈设计以本文提出的理论框架和问卷调查的反馈结果为基础，访谈调查的目的是为理论框架的验证提供更多更深层次的论据，并且解释问卷调查的结果。

本研究的整体思路分为三步：第一步是研究者在相关文献和知识积累的基础上，选定研究题目；第二步是建构关于高校英语教师认知与行为关系的理论框架；第三步是通过问卷和访谈两种调查检验本文提出的理论框架。

问卷数据的定量分析采用简单描述性统计分析、因子分析和单因素方差分析。访谈数据定性分析采用内容分析法，首先以问题为单位，归纳分析各受访教师的观点；然后以问题为单位，概括分析所有受访教师观点的共同点。

第六章

调查结果与分析

6.1 概述

本章的主要内容是调查数据的统计和分析。

第二节对通过问卷调查获取的数据进行统计分析。分三步进行：第一步，根据从问卷中获取的数据，分别以问卷整体、组成问卷的各分量表为单位进行效度和信度检验，其中结构效度的检验以因子分析的方法进行，信度和效度检验目的是对调查问卷进行评估，并提取各调查维度内的因子；第二步，对问卷各分量表的数据进行简单描述性统计分析，其目的是提供各维度组成因子的概观；第三步，对各维度内的组成因子进行均值比较，其目的是考查教师对各因子认同度的差异。

第三节对通过访谈调查获取的数据进行统计分析。分为两步：第一步，以题目为单位，总结概述各访谈对象对各题的具体观点；第二步，以题目为单位，综合分析所有访谈对象对该题的总体观点。

第四节小结本章的主要内容和发现。

6.2 问卷数据统计分析

6.2.1 问卷检验

6.2.1.1 效度检验

问卷的效度分析包括外在效度和内在效度两方面的检验。外在效度包括预示效度和共时效度。内在效度包括内容效度和结构效度。根据 5.7.1 节的解释说明，本研究中无法进行外在效度检验，同时，关于问卷的内容效度的定性检验已在5.7.1节做了说明，因此本节主要从定量的角度来检测问卷的结构效度。

人们常用因子分析来进行结构效度分析。因子分析有探索性因子分析和验证性因子分析两种。其目的都是通过研究众多问卷题项（变量）之间的内部依赖关系，探讨观测数据的基本结构，将彼此相关的变量转化成少数有概念意义、彼此独立性强、能反映众多变量所代表的主要信息的基础变量，即因子。确定概念测量指标的途径有三个：第一是根据文献确认，第二是通过探索性研究方法确认，第三是结合文献和探索性研究两种方法开发测量指标。如果一份问卷中的题项更多地来自他人开发的测量指标，就需要对问卷数据进行验证性因子分析；如果研究者对观察数据背后存在多少个基础变量（即因子）一无所知，就需要用探索性因子分析以弄清所测结构的维度（秦晓晴2009：225～226）。在本研究中，调查问卷的设计基于本文提出的理论概念框架，而该概念框架的基础是现有文献，研究中的问卷题项是根据一定的维度进行设计的，因此本研究所使用问卷的结构效度检验适合使用验证性因子或者是探索性因子分析与验证性因子分析相结合的分析方法。

因子分析一般分为三步。第一步是检验数据是否适合因子分析。在进行提取因子等分析步骤前，应对相关矩阵进行检验，如果相关矩阵中的大部分相关系数小于0.3，则不适合做因子分析。另一种标准是查看KMO（Kaiser－Meryer－Olkin Measure of Sampling Adequacy），KMO值高于0.8以上才适合做因子分析。本文因为篇幅有限，而问卷题项较多，无法列出相关矩阵列表，因此采用KMO值为判断标准。第二步是抽取共同因子、确定因子的数目和求因子解的方法。本文使用主成分分析法（principal component）来抽取因子，分析时不事先确定因子数而根据特征值（eigenvalue）和碎石检验（scree test）来确定因子数量，即探索性因子分析；但是，在个别维度，如教学观维度，因为题项所涉内容的复杂性多样性，采用事先确定因子数的方法，即验证性因子分析。第三步是因子旋转及解释。通过直角旋转法（旋转因子之间保持直角关系，即不相关），或者是斜角旋转法（旋转时因子之间呈斜角式关系，即因子之间有某种程度的相关），对因子进行解释。具体来说，就是通过“方差最大旋转”（Varimax）、“四次方最大旋转”（Quartimax）等方法将各问卷题项对于所提取的因子的特征值计算出来，以确定每个因子涵盖了哪些题项。本文采用最常使用的直角旋转法中的“方差最大旋转法”，确定各因子的成分题项。

由于问卷中各分量表所调查的是不同的内容，因此将整个问卷作为一个整体来分析其结构维度是不合适的，比较合适的结构效度分析单位是分量表。

语言观分量表

语言观维度的因子分析结果见附录 III 中“因子分析—语言观分析”部分。该附录中的“KMO 和 Bartlett 的检验”表格显示，KMO 值为 . 872，大于 0. 8 的要求，表明语言观维度量表数据适合做因子分析。“解释的总方差”表格和碎石图表明可以提取一个因子。“成分矩阵”表格表明语言观部分的 6 道题都是该因子的成分，其中描述系统功能语言学语言观的第 14 题因子负载最大。6 个成分的共同因子就是语言观，因子可以将其命名为语言观因子，这与本研究设计的一个维度，即语言观维度是一致的。

教学观分量表

在预测问卷中，教学观维度包含了三个维度：课堂中心维度、教学方法维度和教学目标维度。在正式调查问卷中，课堂中心维度所包含的两个题项被删除，因此教学观维度只包含教学方法维度和教学目标维度。由 5. 5. 1. 2 节关于问卷教学观部分的设计说明可知，教学方法维度的题项由 Horwitz （1985） 制定的《外语态度量表》中的题项构成，主要考察教师对语法翻译法、听说法/视听法和交际法三种教学方法的态度。教学目标分维度的题项由 Johnson （1992）制定的《信念量表》（Beliefs Inventory）中的题项构成，主要考察教师对外语教学中以技能培养、规则学习和功能获得三种教学目标观的看法。对比分析《外语态度量表》中的三种态度和《信念量表》中的三种教学目标观，可以发现他们存在着对应关系。语法翻译法以规则学习为主要目标，听说法/视听法以技能培养为主要目标，交际法以语言功能的获得为目标。因此，教学观部分如果作为一个整体进行考虑的话，它应该包含三个维度：规则学习——语法翻译法、技能培养——听说法/视听法、功能获得——交际法。因此教学观维度的因子分析采用验证性因子分析，以检测所获得的三个因子所包含的题项是否与预设的三个分维度一致。

观察附录 III 中“因子分析—教学观分析”的“KMO 和 Bartlett 的检验”表，KMO 值为 . 814，大于 0. 8 的要求，表明教学观维度的量表适合做因子分析。因为本部分采用的是验证性因子分析，在分析时将因子提取数规定为了 3 个，因此本部分的结构维度验证实际上就是通过查看“解释的总方差表”和“碎石图”确认是否能够提取出三个因子，并通过查看“旋转成分矩阵”检测所提取出的三个因子是否与问卷设计时的三个分维度一致。查看附录中的“解释的总方差表”，可知提取出的三个因子的特征值均大于1，表明从教学观部分的34个题项中能够提取3个因子，“碎石图”也直观地表明了这一点。考察“旋转成分矩阵”表格，25、26和27三个小题的特征值低于0.3，因此在表格中未显示出归属于三个因子中的哪一个，其余的31个题项分别承载三个因子的特征值。其中第16、20、21、22、28、31、32、34、36、38、41、43、47共13道题归属第一个因子；第17、35、37、39、40、42、44、45、46共9道题归属第二个因子；第18、19、23、24、29、30、33、48、49共9道题归属第三个因子。对照正式问卷中各相关题项的内容，第一个因子所涵盖的各题项除了第31题外，其他各题均符合交际教学法和以功能为目标的外语教学的观点，因此可以将该因子命名为交际—功能因子。第二个因子所涵盖的各题项除了第40和46题明显例外以外，其他题项的内容都基本符合语法翻译法和以规则为目标的外语教学的观点，因此可以将该因子命名为语法—规则因子。第三个因子所涵盖的各题项除了23和33题以外，其他题项的内容都基本符合听说法/视听法（及其结构语言学理论基础）和以语言技能为目标的外语教学的观点，因此可以将该因子命名为听说—技能因子。

对照第五章5.5.1.2节内的表5-5“高校英语教师信念调查维度设计”中的各维度所包括的题项，可以发现除了上列的31，40和46，23和33共5道题以外，在问卷设计之时，用于检测教学观内各分维度信念状况的问卷题项分类与此处因子分析的结果一致。即除了上列的5个例外题项外，在问卷设计时，用于检验交际法教学观和以掌握语言功能为外语教学目标的观点的其他题项都归入了因子分析中的交际—功能因子，用于检验听说法/视听法教学观和以培养语言技能为外语教学目标的观点的其他题项都归入了听说—技能因子，用于检验语法翻译法教学观和以学习语言规则为外语教学目标的观点的其他题项都归入了语法—规则因子。根据相关文献（参见本文第三章3.4节的综述），5个例外题项不宜按照因子分析的结果归入相应因子之下。其中，第31是典型的听说法/视听法教学的基本观点，不应该按照因子分析的结果将其归属于交际—功能因子；第40和46题是典型的以语言技能为外语教学目标的观点，不应该按照因子分析的结果将它们归入语法—规则因子；第23题是交际教学法的基本观点，第33题是语法翻译法的观点，不应该按照因子分析的结果将它们归入听说—技能因子。

综合以上分析，调查问卷中教学观维度所包含题项的因子分析结果与问卷设计时的设想基本一致，表明该部分有较好的结构效度。

学习观维度分量表

观察附录III中“因子分析—学习观分析”部分的中“KMO和Bartlett的检验”表，KMO值为.812，大于0.8的最低要求，表明学习观维度的量表适合做因子分析。“解释的总方差表”和“碎石图”表明可以提取4个因子。“旋转成分矩阵”显示了各题项的因子载荷和主要归属。根据因子载荷，第50、51、52、56、59共5道题归入第一个因子，第55、57、60、61、66共5道题归入第二个因子，第54、63、64和65共4个因子归入第三个因子，第53、58和62共3道题归入第四个因子。

分析各因子载荷量最大，即归入各因子的题项，第一个因子所包含的题项涉及的是受试教师关于学习者个体差异和学习环境差异对英语学习难易造成影响的信念，因此可以命名为“英语学习难易信念”。第二个因子所包含的题项内容强调语法和词汇的学习，强调读、写的重要性和准确性，因此可以命名为“英语学习重点信念”。第三个因子所包含的4个题项，看起来所涉及的内容各不相同，但仔细分析可以看出第54题强调的是英语语言与文化的关系，学习英语就意味着要了解英语国家的文化，语言学习实际上是文化学习；第63题强调的重点是作为一门外语的英语，在其学习过程中，需要利用磁带、MP3等音频设备进行练习，这说明英语学习是一种技能学习；第64题强调外语学习与其他专业科目学习不同，不同的方面可能有多个，可能涉及策略和技巧，也可能涉及其本质的区别，例如外语学习究其本质是一种技能的学习，而其他专业科目标本质可能大多是知识的学习。第65题“每个人都可以学会讲外语”，表面上看起来是在表达关于语言学习天赋的观点，但是如果将其与Chomsky的语言学习天赋论联系起来看的话，这句话就可以理解为：每个人出生时就具备语言习得机制，语言学习，无论是母语还是外语的学习过程，实际上就是在外在自然语言的刺激下，通过语言习得机制将普遍语法转化为自然语言的过程。综合考虑第54、63、64和65题的内容，它们的共同点是在表达对英语学习本质的观点，因此可以将第三个因子命名为“英语学习本质信念”。第四个因子所包含的3个题项中，第53题强调英语学习中，要注重语音的训练；第58题强调在外语学习中，需要进行大量的重复和练习，它们与英语学习策略有关。第62题表面上看起来是比较语言输出与输入的难易，但是从语言学习先后顺序的角度看，它是在建议根据先易后难的规则，先接收大量的语言输入，积累到一定程度后，再行输出，这也与学习策略有关。综合考虑第53、58和62题，它们的共同点就是与学习策略有关，因此第四个因子可以命名为“英语学习策略信念”。

由于学习观部分的问卷题项从Johnson（1992）所设计的BALLI量表中选取，本文第五章5.5.1.2节在说明学习观部分问卷题项设计时也按Johnson的做法将它分为四个分维度，因此可以将本研究中通过因子分析抽取的因子与Johnson的四个分维度做一个比较。本研究中通过因子分析抽取的四个因子为“英语学习难易程度信念”、“英语学习重点信念”、“英语学习本质信念”和“英语学习策略信念”，Johnson（1992）设计BALLI考察的四个分维度为“关于外语学习天赋的信念”、“关于外语学习困难的信念”、“关于外语学习本质的信念”和“外语学习策略的信念”，通过比较可以发现，虽然各分维度内所包含的题项不完全相同，但是就所总结出的分维度来看，关于外语（英语）学习“难易”、“本质”和“策略”三个方面的信念是一致，只有一个维度不同。但是就利用BALLI的部分题项构成本研究学习观维度的调查本身来看，从17个题项中可以提取出四个因子，而且17个题项都可以分别归入四个因子之中。这表明用于本研究的问卷学习观维度部分具有较好的结构效度。

师生角色观分量表

观察附录III中“因子分析—师生角色观分析”部分的“KMO和Bartlett检验表”可知，KMO值为.875，大于0.8的标准，表明师生角色观部分适合做因子分析。“解释的总方差”表和“碎石图”显示，该维度可以提取4个因子。“旋转成分矩阵”显示了各题项的因子载荷，第一个因子载荷最大的题项有第69、70、71、72、73、74、75、76、77和78共10道题，第二个因子载荷最大的题项有第68、81、83和84共4道题，第三个因子载荷最大的题项有67，80和82三道题，载荷第四个因子的只有第79题。考虑到第四个因子仅体现在第79题这一个题项上，题项太少，而且从内容来看，对第79题所述内容的看法可以通过第80题间接反映出来，因此可以不考虑该题。

考察第一个因子所包含的10道题的内容，它们均考察受试关于教师在外语教学，特别是课堂教学中的角色的信念，因此该因子可以命名为“英语师生角色信念”。第二个因子所包含的4道题中，第81、83和84三道题均考察教师和学生的相对地位问题，但是从内容来看，与第68题关系最密切的不是师生地位问题，而是教师角色问题，因此，我们不妨将第二个因子命名为“师生地位信念”，而将在该因子中载荷最小的第68题归入第一因子，或者是抛开该题不考虑。第三个因子所包含三道题的共同内容与师生的责任有关，因此可以命名为“师生责任信念”。

师生角色观维度内题项的因子分析结果本身显示，该部分可以提取出三个因子。在问卷设计之时，研究者将师生角色观粗略地分为教师角色和学生角色两个分维度，从因子分析的角度看，这种分类是不准确的：其一，教师和学生的角色是一体两面，不能皆然分开；第二，师生角色问题除了角色外，还包括由角色体现出来的师生的相对地位和相对责任问题。

教师英语教学专业观分量表

观察附录III中“因子分析—教师英语教学专业观分析”部分“KMO和Bartlett的检验表”，KMO值为.821，大于0.8的标准，表明该部分的适合做因子分析。“解释的总方差”表和“碎石图”表明该维度可以提取出一个因子。因为只有一个因子，所以无法进行旋转。“成分矩阵”表显示该维度的四个题项均对共同的因子载荷较高（因子载荷最小的第88题也有.625）。这四个题项共同考察的内容是教师的英语教学专业观，因此可以将提取的因子命名为“教师英语教学专业观”。

以上语言观、教学观、学习观、师生角色观和教师英语教学专业观全部五个分量表内容的因子分析表明：各分量表内均可以较为工整地提取出因子，而且提取的因子与问卷设计时的思路大体保持一致。这说明本研究中考查教师信念的五个分量表的结构效度较为理想。

6.2.1.2 信度检验

根据5.7.1节的说明，问卷只需要进行内在信度检验。内在信度检验指测量同一概念的不同项目之间的一致性，即相同现象的不同项目是否产生类似的结果。内在信度检验方法有折半信度方法和Cronbach alpha系数检验。折半信度方法需要在量表中增加一倍的测量题项，使用不同的措辞重复前半部分项目的测量内容。本研究中因题项较多，未设计增加一倍的测量题项。因此，内在信度检验只能使用Cronbach alpha系数方法。

问卷的第一部分是受试教师的背景情况，其统计数据在表5－1和5－2中已经反映出来。该部分的数据不参与问卷信念和效度检验。因此参与信度和效度检验的问卷题项为从第10题至第88题。

问卷总体信度检验

在 Cronbach Alpha 系数（后文简称 α 系数）检验中，一般认为系数不应低于.70。表6－1 显示的是问卷10～88 题共79 道问卷题项的α 系数，该系数远远高于.70，表明问卷整体信度较高。在使用 PASW 分析时，研究者选择了“题项删除后的量表系数”项，以显示删除各个题项之后的系数变化，分析结果显示删除各个题项之后的 α 系数在.913 至.918 之间。由于问卷题项较多，反映“题项删除后的量表系数”的表格太大，故在本书中不予列出。表6－1.1 为问卷的整体信度分析结果（教师背景部分除外）。

表6－1.1　问卷总体信度检验

α 系数	题项数
.915	79

注：表中数据不包含教师背景部分。

分量表信度检验

表6－1.2 显示的是高校英语教师信念分量表的信度检验结果。语言观部分共6 道题，虽然题数少，但是 α 系数达到了.853。语言观部分“题项删除后的量表系数”在.815 至.871 之间。教学观部分共34 道题，α 系数为.811，“题项删除后的量表系数”值在.799 至.824 之间。学习观部分共17 道题，α 系数为.687，“题项删除后的量表系数”值在.661 至.709。师生角色观部分共18 道题，α 系数为.794，“题项删除后的量表系数”值在.770 至.817。教师专业观只有四道题，α 系数为.848，“题项删除后的量表系数”值在.753 至.928 之间。根据以上所列数据可知，教师信念分量表总体 α 系数远远高于.70 的一般性标准；教师信念的五个维度，即语言观、教学观、学习观、师生角色观和教师专业观中除了学习观接近.70 的标准外，其他四个维度均超过0.70 的一般性标准，这表明调查问卷中教师信念各分量表的信度较高。

表6－1.2　高校英语教师信念分量表信度检验

语言观部分		教学观部分		学习观部分		师生角色观部分		教师专业观部分	
α 系数	题项数	α 系数	题项数	α 系数	题项数	α 系数	题项数	α 系数	题项数
.853	6	.811	34	.687	17	.794	18	.848	4

根据表6－1.1 和6－1.2 中所报告的信度分析数据，除了问卷第一部分

（受试背景信息调查部分）以外其他部分整体 Cronbach Alpha 系数，以及构成问卷的教师信念各分量表的信度 Cronbach Alpha 系数均超过 .70 的一般性信度要求，这表明本研究所设计并使用的调查问卷具有较高的信度。

6.2.2 描述性统计分析

6.2.2.1 受试背景情况

第五章 5.2.1 节的表 5－2 以单项统计的方式报告了受试的基本情况，此节中，以交叉表的形式对受试教师的背景情况给出更为详细的介绍。交叉统计的变量包括性别、年龄段、职称、学位、学术方向、教龄共 6 个方面，其中年龄段根据受试在问卷中所填出生年份，到实施调查时的 2009 年计算所得，以 10 年为单位分为 5 个年龄段。

表 6－2.1 问卷调查受试性别与学位交叉表

			学位			合计
			学士	硕士	博士	
性别	男	计数	11	54	24	89
		性别中的 %	12.4%	60.7%	27.0%	100.0%
	女	计数	29	169	31	229
		性别中的 %	12.7%	73.8%	13.5%	100.0%
合计		计数	40	223	55	318
		性别中的 %	12.6%	70.1%	17.3%	100.0%

表 6－2. 2　问卷调查受试性别与教龄交叉表

			教龄							合计
			0～5年	6～10年	11～15	16～20年	21～25年	26～30年	超过30年	
性别	男	计数	7	17	24	15	15	4	7	89
		性别中的%	7.9%	19.1%	27.0%	16.9%	16.9%	4.5%	7.9%	100.0%
	女	计数	32	78	45	32	26	10	6	229
		性别中的%	14.0%	34.1%	19.7%	14.0%	11.4%	4.4%	2.6%	100.0%
合计		计数	39	95	69	47	41	14	13	318
		性别中的%	12.3%	29.9%	21.7%	14.8%	12.9%	4.4%	4.1%	100.0%

表 6－2. 3　问卷调查受试性别与学术方向交叉表

			学术方向					合计
			语言学	外语教学相关	文学	翻译	其他	
性别	男	计数	30	27	11	17	4	89
		性别中的%	33.7%	30.3%	12.4%	19.1%	4.5%	100.0%
	女	计数	47	99	39	40	4	229
		性别中的%	20.5%	43.2%	17.0%	17.5%	1.7%	100.0%
合计		计数	77	126	50	57	8	318
		性别中的%	24.2%	39.6%	15.7%	17.9%	2.5%	100.0%

表 6－2.4　问卷调查受试性别与职称交叉表

			职称				合计
			助教	讲师	副教授	教授	
性别	男	计数	3	38	40	8	89
		性别中的 %	3.4%	42.7%	44.9%	9.0%	100.0%
	女	计数	20	127	68	14	229
		性别中的 %	8.7%	55.5%	29.7%	6.1%	100.0%
合计		计数	23	165	108	22	318
		性别中的 %	7.2%	51.9%	34.0%	6.9%	100.0%

表 6－2.5　问卷调查受试年龄段与学位交叉表

			学位			合计
			学士	硕士	博士	
年龄段	29 岁及以下	计数	4	40	5	49
		年龄段中的 %	8.2%	81.6%	10.2%	100.0%
	30～39 岁	计数	9	122	34	165
		年龄段中的 %	5.5%	73.9%	20.6%	100.0%
	40～49 岁	计数	13	53	14	80
		年龄段中的 %	16.3%	66.3%	17.5%	100.0%
	50～59 岁	计数	13	8	2	23
		年龄段中的 %	56.5%	34.8%	8.7%	100.0%
	60 岁及以上	计数	1	0	0	1
		年龄段中的 %	100.0%	.0%	.0%	100.0%
合计		计数	40	223	55	318
		年段中的 %	12.6%	70.1%	17.3%	100.0%

表 6 –2.6　问卷调查受试年龄段与教龄交叉表

			教龄							合计
			0 ~ 5 年	6 ~ 10 年	11 ~ 15 年	16 ~ 20 年	21 ~ 25 年	26 ~ 30 年	超过 30 年	
年龄段	29 岁及以下	计数	30	19	0	0	0	0	0	49
		年龄段中的%	61.2%	38.8%	.0%	.0%	.0%	.0%	.0%	100.0%
	30 ~ 39 岁	计数	9	75	66	15	0	0	0	165
		年龄段中的%	5.5%	45.5%	40.0%	9.1%	.0%	.0%	.0%	100.0%
	40 ~ 49 岁	计数	0	1	3	31	38	6	1	80
		年龄段中的%	.0%	1.3%	3.8%	38.8%	47.5%	7.5%	1.3%	100.0%
	50 ~ 59 岁	计数	0	0	0	1	3	8	11	23
		年龄段中的%	.0%	.0%	.0%	4.3%	13.0%	34.8%	47.8%	100.0%
	60 岁及以上	计数	0	0	0	0	0	0	1	1
		年龄段中的%	.0%	.0%	.0%	.0%	.0%	.0%	100.0%	100.0%
合计		计数	39	95	69	47	41	14	13	318
		年龄段中的%	12.3%	29.9%	21.7%	14.8%	12.9%	4.4%	4.1%	100.0%

表 6－2.7　问卷调查受试年龄段与学术方向交叉表

			学术方向					合计
			语言学	外语教学相关	文学	翻译	其他	
年龄段	29 岁及以下	计数	15	12	10	11	1	49
		年龄段中的 %	30.6%	24.5%	20.4%	22.4%	2.0%	100.0%
	30～39 岁	计数	38	66	25	31	5	165
		年龄段中的 %	23.0%	40.0%	15.2%	18.8%	3.0%	100.0%
	40～49 岁	计数	18	35	13	12	2	80
		年龄段中的 %	22.5%	43.8%	16.3%	15.0%	2.5%	100.0%
	50～59 岁	计数	6	12	2	3	0	23
		年龄段中的 %	26.1%	52.2%	8.7%	13.0%	0%	100.0%
	60 岁及以上	计数	0	1	0	0	0	1
		年龄段中的 %	0%	100.0%	0%	0%	0%	100.0%
合计		计数	77	126	50	57	8	318
		年龄段中的 %	24.2%	39.6%	15.7%	17.9%	2.5%	100.0%

表 6-2.8　问卷调查受试年龄段与职称交叉表

			职称				合计
			助教	讲师	副教授	教授	
年龄段	29 岁及以下	计数	22	27	0	0	49
		年龄段中的 %	44.9%	55.1%	0%	0%	100.0%
	30～39 岁	计数	1	132	31	1	165
		年龄段中的 %	.6%	80.0%	18.8%	.6%	100.0%
	40～49 岁	计数	0	6	63	11	80
		年龄段中的 %	0%	7.5%	78.8%	13.8%	100.0%
	50～59 岁	计数	0	0	13	10	23
		年龄段中的 %	0%	0%	56.5%	43.5%	100.0%
	60 岁及以上	计数	0	0	1	0	1
		年龄段中的 %	0%	0%	100.0%	0%	100.0%
合计		计数	23	165	108	22	318
		年龄段中的 %	7.2%	51.9%	34.0%	6.9%	100.0%

以上的八个表格基本反映出总共 318 名受试在生理上的性别和年龄、在工作身份上的职称和学历，在工作特点上的教龄和学术方向共六个方面的交叉背景情况。从单方面的情况来看：在性别方面，女教师最多；在年龄方面，30 至 39 岁的教师最多；在职称方面，讲师最多；在学历方面，硕士最多；在教龄方面，从教 6 至 10 年的最多；在学术方向方面，从事外语教学研究方向的最多。

6.2.2.2 教师信念各分量表

教师信念的简单描述统计以语言观、教学观、学习观、师生角色观和英语教师教学专业观五个分量表为单位进行。各分量表内以因子为单位，每个分量表内的描述统计分析分两步进行：第一步是简单描述统计，其目的是提供一个受试教师对问卷回答情况的最直观结果。简单描述统计分析仅包括了各题平均值（均值）和标准差这两个指标；第二步是因子描述统计分析，即在分量表内以因子为单位，将各受试教师主要载荷同一个因子的题项得分综合起来，描述各因子的情况。因子描述统计分析的目的是为了将多变量（即属于主要载荷同一个因子的题项）简化为一个变量（即该因子），以便对该分维度进行整体描述。对各因子的描述采用平均值、标准差、偏度和峰度四个指标，其中平均值和标准差数据是对因子的直接描述，偏度和峰度数据是为了进行分数的正态分布检验。正态分布检验的目的是为了查看数据是否适合进行参数检验分析，因为参数检验一般要求数据呈正态分布。如果数据基本符合正态分布，后续的分析则采用 Person 相关分析或线性回归分析等参数检验分析；如果不符合正态分布，则采用非参数检验分析或者将数据进行加幂，直至使其呈正态分布。一般来说，如果偏度和峰度两个指标的绝对值小于 1，则表明数据基本上呈正态分布（秦晓晴 2009：254 ~255）。

语言观描述

语言观简单描述统计分析见表 6 –3. 1。

表 6 –3. 1　语言观简单描述

题号	10	11	12	13	14	15
均值	4. 55	4. 34	3. 68	4. 52	4. 41	4. 30
标准差	. 868	. 883	1. 091	. 824	. 861	. 907

注：样本数为 318。

表 6 –3. 1 显示，对于语言观部分的题项，从总体上看，受试对六种语言观的认同度都较高。第 12 题的平均分最低，但是也达到 3. 68 分。

根据 6. 2. 1. 1 节的对语言观所做的因子分析可知，该分量表内只能提取出一个因子，分量表内的全部六个变量（即六道题项）均是该语言观因子的主要载荷变量。将第 10 至 15 题简化为一个变量，该变量，即语言观因子的描述统计见表 6 –3. 2。

表 6－3.2　语言观因子描述

变量	样本数	均值	标准差	偏度	峰度
语言观因子	318	4.2998	.69088	－2.050	6.175
语言观因子3次幂	318	84.9633	30.30265	－.504	－.181

表6－3.2中的"语言观因子"表示按照将主要承载该因子的6个变量（即题项）的所有318个受试得分求平均值的方法生成一个新的变量，对该变量进行均值、标准差、偏度和峰度的统计计算就是表中"语言观因子"数据项所呈现出来的数据，这些数据代表语言观因子的整体情况。观察表6－3.2可知，语言观因子的偏度和峰度的绝对值大于1，表明数据不符合用于后续的参数检验分析。为了满足后续参数检验分析的需要，根据统计学的方法，经过尝试发现将该因子数据进行3次幂之生成的新变量的偏度为－.504，峰度为－.181，它们的绝对值均小于1。因此，在后续以因子为单位进行的参数检验分析中使用"语言观因子3次幂"变量数据，该变量在参数检验分析中代表"语言观因子"。

此处所使用的将语言观因子内的各变量（即问卷题项）合并简化生成一个新的代表整个因子的变量的方法，以及通过加幂处理，使数据符合后续参数检验分析的方法，用于本章后文对各因子的描述分析，后文不再赘述。

教学观描述

教学观简单描述性统计分析见表6－3.3。

表 6－3.3　教学观简单描述

题号	16	17	18	19	20	21	22	23	24	25	26	27
均值	4.44	3.74	2.75	3.60	4.23	4.13	4.27	3.13	2.53	3.58	3.33	2.86
标准差	.906	.962	1.098	1.192	.882	.873	.856	1.104	1.161	1.167	1.146	1.295

题号	28	29	30	31	32	33	34	35	36	37	38	39
均值	4.02	3.05	2.79	3.30	4.45	2.99	4.47	3.22	3.94	3.23	3.78	3.50
标准差	.924	1.264	1.041	1.090	.914	1.175	.861	1.010	.918	1.124	1.005	1.059

题号	40	41	42	43	44	45	46	47	48	49
均值	3.56	3.87	3.53	3.73	3.89	3.66	3.03	3.66	2.55	2.47
标准差	.974	.957	1.094	.984	.770	.978	1.029	.987	1.104	1.144

注：样本数为318。

表6－3.3显示了教学观部分各选项结果的分布情况。受试教师对该部分34个关于英语教学信念表述的认同度呈现出较为分散的情况，标准差最高的题项有1.295，最低的题项只有.770。从均值来看，最高为4.47，大多数题项的均值大于3.4，这表明从总体看，受试教师对本部分所表示的教学观表示较为赞同。

对教学观内交际—功能因子、语法—规则因子和听说—技能因子的描述统计分析见表6－3.4。

表6－3.4　教学观维度因子描述

变量	样本数	均值	标准差	偏度	峰度
交际—功能因子	318	4.0090	.52248	－1.836	5.841
交际—功能因子3次幂	318	67.4441	21.25556	－.315	.692
语法—规则因子	318	3.4709	.58726	－.457	.209
语法—规则因子3次幂	318	45.3030	20.78060	.448	－.071
听说—技能因子	318	2.9610	.49768	－.084	－.267
听说—技能因子3次幂	318	27.8891	12.66392	.675	.162

观察表6－3.4可知，该交际—功能因子的偏度和峰度的绝对值大于1，表明数据不符合用于后续的参数检验分析。根据统计学的方法，经过3次幂处理之后偏度和峰度均值的绝对值都小于1。因此，在后续以因子为单位进行的参数检验分析中使用三次幂之后的数据。

学习观描述

学习观简单描述性统计分析见表6－3.5。

表6－3.5　学习观简单描述

题号	50	51	52	53	54	55	56	57	58
均值	3.83	4.33	3.85	3.90	4.55	1.61	3.95	3.05	3.91

续表

题号	50	51	52	53	54	55	56	57	58
标准差	1.076	.800	1.030	.946	.788	.973	1.176	1.051	.928

题号	59	60	61	62	63	64	65	66
均值	3.37	2.52	2.37	2.61	4.06	3.78	3.95	2.71
标准差	1.129	1.085	.941	1.051	.855	.979	1.053	1.174

注：样本数为318。

表6-3.5显示了学习观问卷结果的分布情况。从答案的离散情况看，标准差最高为1.176，最低的为.788，表明受试回答的离散程度较教学观部分低。从平均分来看，最高位4.55，最低位1.61，平均分低于教学观部分，表明从总体看，受试教师对本部分关于学习观的17个表述的平均认同程度低于教学观部分。

学习观维度内的“英语学习难易信念”、“英语学习重点信念”、“英语学习本质信念”和“英语学习策略信念”等四个因子的描述分析见表6-3.6。

表6-3.6　学习观维度因子描述

变量	样本数	均值	标准差	偏度	峰度
英语学习难易信念因子	318	3.8660	.67477	.447	.330
英语学习重点信念因子	318	2.4509	.64023	.444	.288
英语学习本质信念因子	318	4.0857	.62821	-.576	.739
英语学习策略信念因子	318	3.4717	.63688	-.298	.526

表6-3.6表明，代表学习观维度内四个因子的变量偏度和峰度绝对值均小于1，表明其数据无需经过加幂处理，即可直接用于后续的参数检验分析。

师生角色观描述

师生角色观简单描述分析见表6-3.7。

表 6－3.7 师生角色观维度简单描述

题号	67	68	69	70	71	72	73	74	75
均值	4.12	3.00	3.70	4.27	4.15	4.12	4.20	3.51	3.86
标准差	.949	1.080	1.016	.826	.892	.885	.922	.985	.958
题号	76	77	78	79	80	81	82	83	84
均值	4.05	4.17	3.71	2.17	3.19	2.35	3.42	2.30	4.05
标准差	.923	.909	1.031	.927	1.159	1.015	1.131	1.084	.997

注：样本数为318。

表6－3.7显示了受试教师对师生角色观的看法。从选项分布来看，标准差整体较低，最高1.158，最低.826，本部分总共18道题中有11道题的标准差低于1，表明受试教师对题项的选择答案较为集中，也就是说受试教师对师生角色观的看法较为一致。从平均分来看，18道题目中有13道的平均分高于3.4分，表明从总体看，受试对问卷师生角色观部分的表述较为认同。

师生角色观维度所包含的“师生角色信念”、“师生地位信念”和“师生责任信念”三个因子的描述分析结果见表6－3.8。

表 6－3.8 师生角色观维度因子描述

变量	样本数	均值	标准差	偏度	峰度
师生角色信念因子	318	3.9739	.64816	－1.441	4.098
师生角色信念因子2次幂	318	16.2107	4.62587	－.476	.735
师生地位信念因子	318	2.9253	.55718	.079	.104
师生地位信念因子2次幂	318	8.8669	3.31442	.655	.523
师生责任信念因子	318	3.2013	.64856	－.202	.297
师生责任信念因子2次幂	318	10.6674	4.11632	.473	.515

表6－3.8显示，师生角色观维度内的三个因子中，代表“师生角色信念”因子的新变量的偏度和峰度的绝对值大于1，表明该变量的数据需要经过加幂处理才能用于后续的参数检验分析。经尝试，2次幂后的偏度和峰度符合参数检验的要求。

教师英语教学专业观描述

英语教师教学专业观简单描述统计分析结果见表6－3.9。

表6－3.9　英语教师教学专业观简单描述

题号	85	86	87	88
均值	4.61	4.59	4.63	4.22
标准差	.773	.800	.779	1.049

表6－3.9显示了英语教师教学专业观四个题项的结果分布情况。从分布来看，四道题中有三道题的标准差低于.800，表明受试的选项较为集中。均值都高于4分，最低4.22，最高4.63，表明受试对本部分关于教学专业观的四种表述认同程度很高。

教师英语教学专业观维度内只包含一个因子。该因子的描述分析结果见表6－3.10。

表6－3.10　教师英语教学专业观

样本数	均值	标准差	偏度	峰度	
英语教学专业观	318	4.5134	.71073	－2.546	8.037
英语教学专业观2次幂	318	20.8740	5.22266	－1.655	2.828
英语教学专业观3次幂	318	97.8520	31.50657	－1.165	.682
英语教学专业观4次幂	318	462.9150	177.52827	－.875	－.293

表6－3.10显示，代表“英语教学专业观”因子的变量偏度和峰度绝对值均大于1，表明其数据需要经过加幂处理才能用于后续的参数检验分析。经过尝试，数据经过4次幂后，其偏度和峰度的绝对值小于1。

6.2.3　分量表内因子比较分析

6.2.2.2节和6.2.2.3节对代表问卷所包含的各因子的新变量进行了描述。本节通过单因素方差分析对代表各因子的新变量进行比较。因子比较的目的是检验教师信念核心构成维度内的因子之间是否存在显著差异，通过差异比较，判断各维度内的因子在体现该维度特点的鲜明性方面的差异。具体分析方法是在6.2.2.2节和6.2.2.3节对各因子描述分析的基础上，以语言观、教学观、学习观、师生角色观和英语教学专业观5个分量表为单位，将每个维度内的因子进行单因素方差分析检验。如果检验结果表明存在显著差异，则继续进行 Post Hoc 检验，以判定差别存在于何处，即判定在一个维度内，各因子体现其所属维度特点强度差异。

6.2.3.1 教师信念分量表内的因子比较

语言观维度

由于语言观维度内只有一个因子，因此没有办法做单因素方差分析。为了考察受试对 6 种语言观的认同程度是否有差异，进行了单因素方差分析，其结果见表 6–4.1，事后比较分析结果见表 6–4.2。

表 6–4.1　语言观维度内单因素方差分析

平方和	df	均方	F	显著性	
组间	162.180	5	32.436	39.187	.000
组内	1574.340	1902	.828		
总数	1736.520	1907			

表 6–4.2　6 种语言观单因素方差事后检验（LSD）

(I) 语言观	(J) 语言观	均值差 (I–J)	标准误	显著性	95% 置信区间	
					下限	上限
工具观	系统结构观	.21069 *	.07215	.004	.0692	.3522
	天赋官能观	.87107 *	.07215	.000	.7296	1.0126
	社会现象观	.03145	.07215	.663	–.1101	.1730
	交际功能观	.13836	.07215	.055	–.0031	.2799
	认知能力观	.25157 *	.07215	.001	.1101	.3931
系统结构观	天赋官能观	.66038 *	.07215	.000	.5189	.8019
	社会现象观	–.17925 *	.07215	.013	–.3207	–.0377
	交际功能观	–.07233	.07215	.316	–.2138	.0692
	认知能力观	.04088	.07215	.571	–.1006	.1824
天赋官能观	社会现象观	–.83962 *	.07215	.000	–.9811	–.6981
	交际功能观	–.73270 *	.07215	.000	–.8742	–.5912
	认知能力观	–.61950 *	.07215	.000	–.7610	–.4780
社会现象观	交际功能观	.10692	.07215	.139	–.0346	.2484
	认知能力观	.22013 *	.07215	.002	.0786	.3616

续表

(I) 语言观	(J) 语言观	均值差 (I－J)	标准误	显著性	95% 置信区间	
					下限	上限
交际功能观	认知能力观	.11321	.07215	.117	－.0283	.2547

*. 均值差的显著性水平为0.05。

表6－4.1 显示，6 种语言观之间存在显著差异（F 值为 39.187，显著性值为 .000 <.05）。表 6－4.2 的事后两两比较分析结果显示工具观与系统结构观、天赋官能观和认知能力观之间有显著差异；另外，系统结构观还与天赋官能观和社会现象观有显著差异，天赋官能观还与社会现象观、交际功能观和认知能力观有显著差异，社会现象观还与认知能力观有显著差异。

教学观维度

教学观维度内包含三个因子：交际—功能因子、语法—规则因子和听说—技能因子。表6－3.4 表明，由于“交际—功能”因子变量的偏度和峰度的绝对值大于1，表明数据不符合正态分布。经过三次幂处理后，教学观维度内代表三个因子的变量的偏度和峰度绝对值均小于1，数据符合正态分布，因此，教学观维度三个因子间的单因素方差分析采用它们的三次幂处理后的数据。方差齐性检验显示 Levene 统计量为 34.448（p =.000 <.05），说明三个因子变量的方差是齐性的。同时，三个因子也是各自独立的，满足方差分析的条件。单因素方差分析结果见表6－4.3，事后分析结果见表6－4.4。

表6－4.3　教学观维度单因素方差分析

	平方和	df	均方	F	显著性
组间	249955.281	2	124977.640	359.129	.000
组内	330950.238	951	348.002		

表 6 –4.4　教学观维度单因素方差分析事后检验（LSD）

(I) 所代表的因子	(J) 所代表的因子	均值差 (I – J)	标准误	显著性	95% 置信区间	
					下限	上限
语法—规则因子	交际—功能因子	–22.14105 *	1.47942	.000	–25.0444	–19.2377
	听说—技能因子	17.41394 *	1.47942	.000	14.5106	20.3172
交际—功能因子	听说—技能因子	39.55499 *	1.47942	.000	36.6517	42.4583

*. 均值差的显著性水平为 0.05。

表 6 –4.3 显示，教学观维度内的三个因子之间（组间）比较的 F 值为 359.129，显著性值为 .000 < .05，表明三个因子之间存在显著差异。表 6 –4.4 的事后分析显示，三个因子变量两两之间均存在显著差异（显著性水平为 .05），其中交际—功能因子变量的值最高，语法—规则因子变量的值居于中间，听说—技能因子变量的值最低。

学习观维度

学习观维度包含四个因子：英语学习难易信念、英语学习重点信念、英语学习本质信念、英语学习策略信念。Levene 方差齐性检验值为 .906，p = 000 < .05。单因素方差检验结果见表 6 –4.5，事后检验结果见表 6 –4.6。

表 6 –4.5　学习观维度单因素方差分析

平方和	df	均方	F	显著性	
组间	500.657	3	166.886	400.817	.000
组内	527.949	1268	.416		

表 6 –4.6　学习观维度单因素方差分析事后检验（LSD）

(I) 因子	(J) 因子	均值差 (I－J)	标准误	显著性	95% 置信区间	
					下限	上限
学习重点	学习本质	－1.63475 *	.05117	.000	－1.7351	－1.5344
	学习难易	－1.41509 *	.05117	.000	－1.5155	－1.3147
	学习策略	－1.02075 *	.05117	.000	－1.1211	－.9204
学习本质	学习难易	.21965 *	.05117	.000	.1193	.3200
	学习策略	.61399 *	.05117	.000	.5136	.7144
学习难易	学习策略	.39434 *	.05117	.000	.2939	.4947

*. 均值差的显著性水平为 0.05。

表 6 –4.5 显示，学习观维度内各因子之间（组间）存在显著差异（F = 400.817，p = .000 < .05）。表 6 –4.6 所呈现的因子间的两两比较结果显示，四个因子两两之间均存在显著差异（显著性水平为 0.05），观察它们的均值差数据可知，学习本质因子的变量均值最高，其次是学习难易因子的均值，再次是学习策略因子的均值，均值最低的是学习重点因子。

师生角色观维度

师生角色观维度包含三个因子：师生角色信念因子、师生地位信念和师生责任信念因子。代表三个因子的变量描述见表 6 –3.8。该表显示，师生角色信念因子的值没有呈正态分布，三个变量的值经过 2 次幂转换之后均符合正态分布，因此此处采用 2 次幂后的值进行单因素方差分析。Levene 方差齐性检验显示三个变量的方差是齐性的（Levene 统计量为 13.242，P 值为 .000 <.05）。三个因素之间相互独立。因此符合方差分析的条件。单因素方差分析结果见表 6 –4.7，事后比较分析结果见表 6 –4.8。

表 6 –4.7　师生角色观维度单因素方差分析

平方和	df	均方	F	显著性	
组间	9317.384	2	4658.692	283.329	.000
组内	15637.016	951	16.443		

表 6-4.8　师生角色观维度单因素方差分析事后检验（LSD）

(I) 因子类别	(J) 因子类别	均值差 (I-J)	标准误	显著性	95% 置信区间	
					下限	上限
师生地位信念因子	师生责任信念因子	-1.80042*	.32158	.000	-2.4315	-1.1693
	师生角色信念因子	-7.34372*	.32158	.000	-7.9748	-6.7126
师生角色信念因子	-5.54329*	.32158	.000	-6.1744	-4.9122	

*. 均值差的显著性水平为 0.05。

表 6-4.7 显示，代表师生角色观维度内三个因子的变量之间存在显著差异（F = 283.329，P = .000 < .05）。表 6-4.8 显示，三个因子两两之间均存在显著差异（显著性水平为 0.05）。观察表中的均值差可知，均值最高的是师生角色信念因子，其次是师生责任信念因子，均值最低的是师生地位信念因子。

教师英语教学专业观维度

由于教师英语教学专业观维度内只有一个因子，因此没有办法也没有必要做因子间比较。为了比较本维度内四个题项得分之间是否有显著差异，使用了单因素方差分析方法进行了检验，检验结果见表 6-4.9 和表 6-4.10。

表 6-4.9　英语教学专业观维度单因素方差分析

平方和	df	均方	F	显著性	
组间	36.619	3	12.206	16.586	.000
组内	933.154	1268	.736		
总数	969.773	1271			

表 6-4.10　英语教学专业观维度单因素方差分析事后检验（LSD）

(I) 英语教学专业观四个方面	(J) 英语教学专业观四个方面	均值差 (I-J)	标准误	显著性	95% 置信区间	
					下限	上限
85 题：专业基础信念	86 题：专业发展信念	.01887	.06803	.782	-.1146	.1523
	87 题：专业人员发展信念	-.01258	.06803	.853	-.1460	.1209
	88 题：专业态度信念	.39308 *	.06803	.000	.2596	.5266
86 题：专业发展信念	87 题：专业人员发展信念	-.03145	.06803	.644	-.1649	.1020
	88 题：专业态度信念	.37421 *	.06803	.000	.2407	.5077
87 题：专业人员发展信念	88 题：专业态度信念	.40566 *	.06803	.000	.2722	.5391

*. 均值差的显著性水平为 0.05。

表 6-4.9 显示，该维度内四个题项得分之间存在显著差异（$F = 16.586$，$p = .000 < .05$）。表 6-4.10 显示，这种差异只存在于第 88 题与其他三道题之间，即英语教学的专业态度信念与其他三个方面的专业信念得分之间存在显著差异，而专业基础、专业发展和专业人员发展三个方面的信念得分之间不存在显著差异。

6.3　访谈数据分析

访谈数据经录音转写之后分两步进行分析：第一步以访谈问题为单位，概括出每一位受访教师对该问题的回答；第二步以访谈问题为单位，综合分析全体受访教师对该问题回答的整体性主要特点。本研究的重点是分析和获取受访教师们的整体性主要特点，为了节省篇幅，正文之中仅报告第二步的分析结果，为便于参考，将第一步的数据分析结果置于附录之中（见附录Ⅳ）。

语言观部分

对语言的本质，人们有不同的看法，例如工具观、结构系统观、天赋官能观、社会现象观、意义功能观、认知能力观。对于这六种语言观，您最认同的是什么？为什么？

从整体来看，受访教师的语言观有以下特点：第一，深入思考过语言本质问题的教师不占多数，大多数教师平时很少思考语言（外语）究竟是什么。第二，受访教师的语言观呈分散状态，不同教师最认同的语言观不完全相同，大多数教师对不同的语言观并不排斥。第三，认同程度最高的语言观有工具观和认知能力观，其次是社会现象观和意义功能观。

认同工具观、意义功能观和社会现象观的理由有二：一是教师们对他们的熟悉程度相比较高，二是它们能够解释语言的发生和发展，以及人们学习语言的动力。认同认知能力观的主要理由是认知能力是语言习得的一个基本条件。只有极少数教师认同天赋官能观，其认同理据是它能够解释人们习得语言的普遍性和语言（外语）教学效果的差异。

教学观部分

（1）在语法翻译法及与之关系密切的外语教学的规则目标观、交际教学法及与之关系密切的外语教学功能目标观、听说教学法及与之关系密切的外语教学技能目标观三种教学途径中，您最熟悉的是那一种？使用最多的是那种教学途径？

对于不同教学方法和教学目标的了解，受访教师有以下特点：第一，教师们对教学方法的了解有限。以外语教学为学术方向的教师对教学法方面的知识了解相对较多，其他学术方向的教师因为缺乏学习和培训途径，所以了解得不全面和深入；第二，最为熟悉的是交际教学法和外语教学的功能目标观。但是由于交际法所包含的多种不同具体教学方法的复杂性，而且缺少系统的学习，大多数教师对交际法的理解主要限于外语教学中要强调交际这一点，对交际法的具体操作并不熟悉。

在使用方面有两个特点：第一，虽然部分教师认为应该主要使用交际法，但是实际的使用以语法翻译法居多，其原因主要是对交际法的具体操作不熟悉；第二，部分教师实际使用的是各种方法折中的方法。第三，部分教师不熟悉自己究竟使用的是何种方法，但是教学中以语法词汇知识的讲解为主。

（2）您对外语学习中学生表达准确性的要求怎样，是否容忍学生犯错误？什么样的错误可以容忍或忽略？您认为在以交际能力为培养目标的主流思想中，教师对学生语言准确性要求是否有所降低？

虽然不同教师对学生语言表达中的准确性要求不同，但是他们都能在一定程度上容忍学生犯错误。教师们并不要求学生的表达不犯错误。

教师们一般对学生口头表达中的错误容忍程度较高，对书面表达中的错误容忍程度低。口语错误只要不影响意义的表达，基本上不纠正，但是书面作业中的错误基本上是有错必纠。教师们会即时纠正的错误类型包括：在学生中带有共性的错误和重复发生的错误。教师在纠错时一般会尽量避免打击学生的学习积极性。

大多数教师表示，他们对学生语言表达准确性的要求在观念和实践上有不一致现象。在观念上，大多数教师认为即使是以意义和功能为教学重点，以交际能力为培养目标的情况下，对学生语言准确性的要求不应该降低。但是，在实践上，教师们认为自己的标准与老一辈教师，或者是自己的学生时代相比，实际上是降低了。

学习观部分

（1）在英语学习中，一般来说输出（例如口语）是否比输入（例如阅读理解）要容易？

从整体来看，教师们认为语言输入比输出要容易，例如口语比阅读要难，写作比阅读要难。但是，教师们也认为作为输入的听力比作为输出的口语要难。

（2）您自我感觉对于英语学习的重点、（内容和技能的）难易、本质和策略等方面的理解和把握程度如何（高、较高、中等、较低、低）？您对它们的理解和把握来自哪儿（自身英语学习的体会和经验？学生时期老师的强调？学术著作？……）

大多数受访教师自认为对英语学习重点和难点的把握程度较高，对英语学习策略了解一般，对英语学习本质的理解程度最低。访谈中呈现出的这种特点与问卷调查的结果不完全一致。

对于英语学习重、难点和策略的理解主要来自对于教师自己的英语学习和教学实践体会和经验。对于英语学习本质的理解主要来自教师们自身的思考。学生时期的老师对于部分受访教师在这些方面的理解有一定启示。学术著作没有能够对大多数受访教师的学习观产生影响。

(3) 在英语学习中是否有必要掌握英语国家的文化，为什么？

受试教师普遍认为英语学习中有必要掌握英语国家的文化。理由如下：第一，不掌握文化学生可能会遇到一些语法、词汇知识之外的问题，会产生交际困难；第二，不了解英语国家的文化，就谈不上文化认同感，而后者是外语学习的内在动力；第三，不学习文化会对文学作品的理解产生障碍。

(4) 有人认为，英语学习其实质是一种技能的学习。它与其他学科的最大区别是：其他学科主要是知识学习，而语言的学习主要是技能学习。您认为对吗？

大部分受试教师不认同这种观点。他们认为这种观点是对英语学习的一种误解。英语学习应该既包括知识的学习，也包括技能的培养，而且外语能力是在语音、语法和词汇等知识的学习和积累的基础之上的形成的。在这一点上与其他学科并没有区别。但是就大学基础阶段的学习来说，知识和技能的比重在在外语学科和其他学科有一定的区别。在大学基础阶段，英语学科的教学主要围绕培养听说读写译这五种技能为主，到高年级才主要学习语言学、文学等方面的专业知识。

师生角色观

(1) 您认为英语教师的角色是单一的还是多重的？您的判断依据是什么？(知识？经验？环境要求？)

受访教师普遍认为英语教师的角色是多重的。这种判断主要依据自身的教学经验和外在的教学环境要求。

(2) 您认为大学生英语学习成绩好坏的主要责任在于谁？是教师还是学生？为什么？大学阶段的师、生责任分配和中学阶段有不同吗？

受访教师普遍认为大学生英语学习成绩好坏的主要责任在于学生。其理由有：第一，大学生的学习自主性强，时间和精力的自由支配度高，应该负主要责任；第二，大学生是成人，独立性较强，较强的独立性就意味着较大的责任；第三，同一个班级的同学成绩有差异，这种差异应该是学生的不同而导致。

大学和中学师生的责任分配是不同的。大学教师的主要职责有：第一，形成自己的教学风格，给学生提出学习建议；第二，引导和启发学生在包括专业发展等各方面的全面发展；第三，与学生形成良好的沟通和交流。中学教师的职责比大学教师要多，责任更大，具体显现在：第一，由于有升学的压力，必须给学生更多、更全面的安排，并督促执行；第二，中学生处于身心发展期，还未成年，教师还需要给予他们成长方面的思想和行为指导。

（3）您认为英语课堂教学中，教师和学生之间应该有主、配角之分吗？应该怎样进行角色分工？教学经验的增长会促使您调整对师、生角色分配的看法吗？

受访教师普遍认为课堂教学中教师和学生之间有主、配角之分。师生角色的分配受到以下方面因素的影响：第一，教学目标。如果是以技能培养为目标，学生的角色更重；如果是以知识学习为目标，教师的角色更重；第二，课程的类型和课程内容。需要以讲授为主的课程中，教师是主角；需要以训练为主的课程中，学生是主角；第三，学生的语言水平和参与意愿。学生水平较高或者参与意愿较高的课堂，会分配更多的角色给学生；学生水平低而且不愿参与的课堂，以教师为主；第四，教师的教学经验。刚刚走上工作岗位的教师大都以教师为主角，随着教学经验的增长，会逐渐尝试给学生分配更高比重的角色。

（4）您认为英语课堂之中，教师和学生的地位应该怎样安排？是平等还是一高一低？为什么？

受访教师普遍认为英语课堂之中，教师和学生的地位应该平等。部分教师认为师生平等有利于更顺畅的师生交流，更有利于发挥学生的学习主动性。但是，教师们认为实际情况下，难以做到真正的师生平等，原因如下：第一，当学生向老师学习知识或技能时，就已经将自己放在了比较低的位置；第二，我国的教育传统一直都提倡尊师重道，将教师放在比学生高的地位；第三，教师的地位如果不比学生较高的话，就没有权威性，失去了心理优势，课堂教学就难以正常开展。

教师英语教学专业观

您认为英语教学是一个普通的职业，还是一个对从业的教师有着较高要求的专业？这种要求体现在哪些方面？

受访教师普遍认为英语教学是一个有着较高要求的专业。其理由有：第一，大学教师有较高的学历要求，一般需要获得硕士及以上的学位；第二，英语教师还要求有扎实的英语语言基本功和教学基本功；第三，对大学教师有着科研、教学等多方面的考核要求。受访教师同时也认为，中国的教师专业化还需要进一步发展和规范。

6.4 小结

本章对问卷和访谈的结果进行了统计和分析，主要内容包括：

（1）调查问卷的信度和效度分析；

（2）问卷调查各维度的因子分析；

（3）问卷调查结果各部分的简单描述性统计分析；

（4）问卷调查结果各维度内的因子比较分析；

（5）访谈数据的定性分析。

通过各种分析，揭示出问卷调查结果呈现出以下特点：

调查问卷整体及各分量表的信度良好（具体数据见表6－1.1，6－1.2）。问卷的内容效度和结构效度良好（具体数据见本文附录“因子分析”部分，分析结果详见本章6.2.1.1节）

问卷调查受试教师呈现如下特点：性别方面，女教师多于男教师。年龄结构方面，最多的在30～39岁之间，其次在40～49岁之间，最少的是60岁以上。教龄方面，从教6～10年的最多，其次是11～15年，最少的是从教30年以上的教师。学历结构方面，按人数从高至低依次为硕士、博士、学士。职称结构方面，人数最多的是讲师，其次是副教授，最少的是教授。学术研究方向方面，人数最多的是外语教学研究，其次是语言学研究，亦有少数教师从事语言学、外语教学、文学和翻译以外的学术研究。授课对象方面，大学英语教师略多于英语专业教师。各方面之间的交叉统计情况详见表6－2.1、6－2.2、6－2.3、6－2.4、6－2.5、6－2.6、6－2.7和6－2.8。

因子分析及因子比较结果显示：语言观维度可以提取出一个因子，受试对各种不同的语言观认同程度均较高。教学观维度提取出的三个因子中，受试认同度最高的是交际—功能因子，其次是语法—规则因子，最低的是听说—技能因子，三个因子之间存在较大差异。学习观维度提取出的四个因子中，学习本质因子的变量均值最高，其次是学习难易因子的均值，再次是学习策略因子的均值，均值最低的是学习重点因子，四个因子之间存在较大差异。师生角色观提取的三个因子中，均值最高的是师生角色信念因子，其次是师生责任信念因子，均值最低的是师生地位信念因子，三个因子间存在较大差异。教师英语教学专业观维度可以提取出一个因子，受试对各题项的认同度均较高。

第七章

讨 论

7.1 概述

本章对第六章所报告的调查结果进行讨论，其目标是回答本文所探讨的三个问题中的（2）和（3）两个问题，即高校英语教师信念系统核心构成维度的子维度及其特征，并在此基础上讨论关于教师信念的研究发现对于高校英语教师发展的启示。

第二节讨论高校英语教师信念五个构成维度的特点。其方法是从调查结果出发，分别总结和讨论语言观、教学观、学习观、师生角色观和英语教学专业观各自的现状和特点，并结合本文文献综述部分相关内容对这些特点进行解释。

第三节讨论教师信念的构成现状对高校英语教师发展的启示。其方法是在本章第二节对教师信念构成特征讨论的基础上分析和探讨它们对教师自身发展和高校英语教师发展管理工作两个方面的启示。

在各部分的讨论之中，首先总结和提炼调查结果反映出的特点，然后将这特点与现有文献中的相关发现进行比较、印证，最后从本研究的角度对这些特点进行解释，或者是进行推断。

7.2 英语教师信念构成要素

7.2.1 教师的英语语言观

正式调查问卷之中语言观部分共包含六道题，分别概述工具观（10 题）、系统结构观（11 题）、天赋官能观（12 题）、社会现象观（13 题）、交际功能观（14 题）和认知能力观（15 题）这六种不同的语言哲学观点，调查的目的是考察受试对它们各自的认同程度。

从整体来看，调查结果显示出如下特点：

第一，接受调查的高校英语教师对各种不同语言观的认同程度总体较高，除了天赋官能观的均值为 3.68 以外，其他五种语言观的均值最低的为 4.30（见表 6－3.1）。

第二，不同受试教师对同一语言观认同程度的差异起伏不大，除了天赋官能观外，受试教师对其他五种语言观认同程度的标准差均小于 1，其中四种小于 .90（见表 6－3.1）。

第三，六种语言观中，受试教师认同程度最高的是工具观、社会现象观和交际功能观，最低的是天赋官能观。

从现有相关文献来看，贾爱武（2003：90）的实证调查发现，外语教师群体的语言观具有明显的工具性和主体知识倾向性。贾将外语教师的语言观分为三种取向：语言本体知识取向、工具性取向和文化取向。从其文中解释来看，语言本体知识取向包含本文所列的系统结构观，工具性取向包含本文所列的工具观和交际功能观。郑新民和蒋群英（2005）的访谈调查也发现外语教师主要将语言看作交际工具的语言观。本研究中，教师对工具观和交际功能观的认同程度最高，结构系统观较高，这一发现与他们的调查结果是一致的。这说明，在国内，外语教师主要将语言（外语）看作是交际的工具，其次是将它看作是由词汇、语法组成的结构系统。

本研究所发现的高校英语教师语言观所呈现出来的这些特点说明了什么？为什么会形成这种特点？现有文献中难以找到解释，本节下文结合访谈情况尝试进行分析和讨论。

虽然六种语言观的主张有区别，但是受试教师对它们的认同程度总体均较高。这说明大多数高校英语教师的语言观具有以下特点：第一，在教师信念系统之中，大多数教师对不同的语言哲学观点是兼容并蓄的，不同的语言观之间虽然主张不同，但是都并存于高校英语教师的信念系统之中；第二，大多数高校英语教师并不是选择并虔诚信奉某一种语言哲学观点，而完全摒弃其他的观点。高校英语教师语言观的整体特点反映出，有相当一部分教师没有或不愿意选择并相信某一种语言哲学观点。

整体上，不同受试教师对同一语言观的认同程度差异不大。这反映出所调查高校英语教师所接受的语言学及语言哲学教育的内容和深度差别不大。同时，这一现象也再次说明，不同的语言哲学信念在教师的信念系统中是并存的而不是互相排斥的。在六种语言观中，受试之间对天赋官能观的认同程度差异相对较大（标准差为1.091），这可能与国内教师对以Chomsky为代表的生成语法了解程度的差异有关。在国内，一部分高校英语教师对生成语法缺乏了解，另一部分对生成语法有所了解，但是他们的了解程度却有差异：大部分教师从普及型的语言学教材中了解到一些生成语法的主张，小部分通过专著、期刊论文等对生成语法有较多的了解，少数教师对生成语法感兴趣，将其作为自己的研究方向，因此他们对生成语法的了解非常深入。不同教师对生成语法的不同熟悉程度必然影响他们对生成语法的认同程度，因此，问卷数据中反映出来的受试教师对其他语言观认同相差不大，而对天赋官能观的认同差异相对较大主要是由于他们对生成语法及其天赋官能观的语言哲学观的熟悉程度不同导致的。

受试教师对六种语言观认同程度存在差异。工具观、社会现象观和交际功能观的均值在六种语言观中最高，它们之间的差异相对较小。考察这三种语言观，第一，它们有共同的主张，即将语言当作社会生活中必不可少的交际工具，而语言的工具性是其最显而易见的特征；第二，系统功能语言学的学术观点在国内语言学界的广泛影响，使语言作为交际工具的功能性特征得到高校教师较高程度的认识；第三，国内出版的大多数普通语言学教材中，将交际工具性作为本质特征来定义语言，学习这些教材成长起来的高校语言教师对语言的看法必然会受到这些教材观点的影响。基于此，受试教师对这三种语言观的认同程度最高是可以理解的，同时，它们突出的共同主张使得受试教师们忽略了它们差异的存在。

天赋官能观受到的认同程度相比较最低。它反映的是以Chomsky为代表的生成语言学派的基本观点，认为语言是人类的一种生物机能。作为长期生物进化的结果，人的大脑中天生就具有语言习得机制。在自然语言的刺激下，人的这种生物能力使得他们能够将天生的普遍语法转换为其所接触的自然语言的语法规则，并且在这些规则的支配下，遣词造句，表达意义。受试教师总体对天赋官能观认同程度相比较低的原因可能如下：第一，天赋官能观强调人类语言的生物性，这与一些如系统功能语言学强调语言社会性学派的观点相左。上一段的分析表明大多数教师倾向于认同语言的社会工具性特征，这就意味着他们对语言的生物性特征认同程度的降低。第二，天赋官能观是生成语言学派的语言哲学基础。在国内，从一些普及型语言学教材中的内容，体现各语言学派思想的语言学专著数量来看，较之功能语言学派来说，生成语言学派的学术思想并没有得到广泛传播。因此，受到这种语言学学术氛围熏陶的高校英语教师对生成语言学及其天赋官能观的语言哲学观点的了解程度可能并不如对功能语言学派的了解程度深，故而对它的认同程度相对较低。

7.2.2　教师的英语教学观

综合观察问卷调查中的表 6－3.3 和 6－3.4，并结合本文 6.2.1.1 节效度分析部分对教学观维度的因子分析情况，高校英语教师的教学观呈现出以下特点：

第一，在各具体题项的认同差异方面，不同受试对不同题项所述教学信念的认同程度呈现出较大的差异。虽然一部分题项的认同程度较一致，但是较多题项的认同程度分歧较大，教学观部分 34 道题中有 19 道题的标准差超过 1，标准差最大的达到 1.295（见表 6－3.3）。

第二，在对不同类教学观的认同差异方面，不同受试对归属于同一因子题项的认同程度差异大体保持一致。例如：归属交际—功能因子的 16、20、21、22、28、32、34、41、43 和 47 等题项的标准差均在 1 之下；归属语法—规则因子的 17、35、39、40、42、45 和 46 等题项的标准差均分布在 .962 至 1.094 之间；归属听说—技能的 18、19、23、24、30、33、48 和 49 等题项的标准差均超过 1（见表 6－3.3 和 6.2.1.1 节因子分析部分）。

第三，在不同教学观的区别方面，教学观维度内交际—功能、语法—规则和听说—技能三个因子的均值彼此相差较大，受试教师对它们的认同程度存在差异。认同程度最高的是交际—功能教学观，其均值在 4 分以上；最低的是听说—技能教学观，其均值在 3 分以下（见表 6－3.4，6－5.3 和 6－5.4）。

本研究在英语教学观方面的发现与 Johnson（1992）、王红艳和解芳（2009）、徐翠（2009）、高强和张洁（2010）等调查发现基本一致。在英语教学目标观方面，Johnson（1992）在调查中发现约 61% 的外语教师有明确的主要教学目标观，其中认为主要教学目标是语言技能或语言规则的各占 7%，认为主要教学目标是语言功能的占 47%；其他约 39% 的教师或者持有综合折中的教学目标观，或者是缺少明确的教学目标观。王红艳和解芳（2009）的个案研究发现三位教师分别以规则、技能和功能作为自己的外语教学目标，相应地，她们分别更多地使用语法翻译法、听说法和交际法进行教学。在教学方法观方面，高强和张洁（2010）在调查大学英语教师的语法教学信念时发现大学教师总体上既接受交际语法教学的原则，同时也认同语法翻译法的价值，大多采用折中的方法。徐翠（2009）的调查发现大多数教师（76%）认为外语教学的目标是培养学生的语言应用能力，即技能和功能，而不是知识。本文访谈数据表明大多数教师有着明确的主要教学目标观，小部分持有功能、技能和规则折中的目标观，问卷调查表明国内教师对交际教学法和英语教学的功能目标观认同程度最高，即大部分教师将语言功能作为主要的教学目标，主要采用交际教学法，这一发现与上述 Johnson 等人的发现是一致的。

那么高校英语教师的教学观为什么会呈现出以上总结的三个特点呢？本节下文结合访谈数据予以分析和讨论。

不同教师对不同问卷题项的认同程度差异较大，这反映出教师们对不同的教学观念有着较为明确的选择。对某些教学观念，教师们认同程度较为一致，因此这些题项得分的标准差就较小。认同程度一致的教学观念既可能得到教师们普遍高度认同，也可能是中等程度的认同，前者如第 34 题所反映出的交际—功能信念，后者如第 44 题所反映出的语法—规则信念。对另外一些教学观念，教师们的认同程度相差较大，因此这些题项得分的标准差就较大。例如，反映听说—技能信念的第 29 题，选择非常认同和非常不认同的人数均较多，分别为 49 人和 33 人，该题项得分标准差较大表明，教师们对于听说—技能教学观的这一项主张的看法分歧较大。这种分歧一方面可能来自教师自己的教学经验的影响，另一方面也可能是受到交际教学法中对教师口语水平高要求的影响。

以教学观中的三个因子为单位分析，教师们对主要载荷同一个因子的题项所表达的教学观念的认同程度基本一致，例如以上总结第二个特点时所列出的题项。这说明按照问卷调查的结果将教学观部分分为三个因子是合理的，同时还说明教师对不同的教学观能做一定的区别，另外基本一致也说明对不同的教学观，教师认同的意见统一程度不同。对交际—功能观的意见统一程度最高（绝大多数题项得分的标准差低于 1），语法—规则观次之，意见分歧最大的是听说—技能观（绝大多数题项得分的标准差在 1 以上）。访谈结果显示，教师对不同的教学观的熟悉程度是不同的，研究者认为，问卷结果所反映出来的教师对三种教学观认同意见的差异性与他们对它们的熟悉程度是有关系的。教师们对交际—功能观的熟悉程度最高，教学实践中运用得也最为频繁，因此教师们不仅对它的认同程度最高，而且看法也最为一致。对于听说—技能观了解的程度不一致，一些教师有较全面的了解，另一些教师了解得要少一些，因此总体上对它的认同程度最低，而且看法的一致性也最低。

问卷调查显示教师对三种不同教学观的认同程度有显著差异。访谈的结果显示，教师们对系统功能语言学的基本学术观点和交际教学法的主张均较为熟悉，而且在课堂教学中，大多数教师以培养学生的交际能力为活动设计的目标。既然大多数教师不仅熟悉交际—功能教学的主张，同时还以交际能力的培养作为实践的目标和准则，那么，受试教师们对这种教学观的认同程度最高是顺理成章的。听说—技能教学观是结构主义语言学在外语教学上的应用。它兴起于二十世纪五六十年代，八九十年代应用于国内中学教学。不同年龄的教师对它的了解程度不一致，年龄稍长的高校教师可能在其中学时代接受过这种英语教学方法的培养，对其有感性认识，进入大学英语专业后，对结构主义语言学派的学术观点及其主张的听说—技能教学观念有一定了解，甚至对其进行过系统学习和深入研究。这部分教师对听说—技能教学观的理据和实践方法有着最全面的认识。而一些青年教师在自己求学期间没有感受过听说—技能教学，对它的了解仅从普通语言学教材或者教学法教材中了解到一些基本内容，而他们最主要接触的是交际—功能的观点。对这部分教师来说，结构主义语言学和听说—技能教学只是语言学历史和外语教育史上的一个阶段而已。他们对听说—技能教学仅限于基本了解，自然谈不上对它的高度认同。语法—规则教学的认同程度居于三种教学观的中间位置。研究者认为，其原因有二：第一，传统的语法翻译法的影响极其深远，因其实用、易操作、对教师要求不高的特点，同时又符合国内中学应试教学的需要，所以直到现在，在中学英语教学中，它仍然占有一席之地。受到这种方法的熏陶，高校英语教师对这种方法自然不陌生，在自己的教学中偶尔也会有所运用。第二，无论是后来的情景教学法、听说教学法、还是交际教学法各种分支、认知教学法等，他们都没有，实际上也不可能否认语法规则的学习在外语学习中的重要性。它们的根本区别并不在于是否需要学习语法规则，而是以何种方法学习语法规则。是教师直接讲解各种语法规则，还是让学生在进行大量的语言练习，使他们熟能生巧，自动学会并灵活运用这些语法规则，还是让学生在交际活动中，在语言运用中掌握语法规则，这是不同教学方法的不同主张。

7.2.3 教师的英语学习观

调查问卷中英语学习观调查部分共有 17 个题项，均来自 Horwitz 所设计的 BALLI 问卷。综合分析表 6 –3.5 和 6 –3.6，高校英语教师的学习观呈现出如下特点：

第一，在各具体题项的认同差异方面，与教学观部分相比，受试教师对学习观部分不同题项认同程度的差异总体比教学观部分低。各题的标准差最高为 1.176，最低为 .788（见表 6 –3.5）。

第二，在总体认同程度方面，受试教师对学习观部分的内容的认同程度低于教学观部分。17 个题项中有 7 题的均值低于 3.4，均值最低的第 55 题只有 1.61 分（见表 6 –3.5）。

第三，在因子认同度差异方面，四种学习观之间存在差异。受试教师对英语学习本质信念的认同度最高，对英语学习重点信念的认同度最低（见表 6 –3.6）。

本研究中所发现的受试教师对 BALLI 中英语学习本质的信念表述认同度最高，这一特点与 Atlan（2006）和肇彤（2006：27）的调查结果一致。Atlan 发现关于学习本质的各表述最低有 71% 的受试表示认同，最高达到 90%。肇彤的研究发现对学习本质的表述认同比例最高占到受试的 94.9%。包薇（2005）发现教师认同最高的是语言天赋维度，最低的是应用学习难点维度。本研究结果与其发现不一致。

本研究中根据因子分析所提取出的四个因子与 Horwitz（1985，1987）所区分的四个维度有三个相同。Horwitz 将外语学习观分为外语学习天赋信念、外语学习困难信念、外语学习本质信念和外语学习策略信念四个维度。而本研究中的探索性因子分析结果显示这部分可以提取出 4 个因子，分别是英语学习难易信念、学习重点信念、学习本质信念和学习策略信念。通过对比可以发现，除了本研究所发现的学习重点信念与 Horwitz 的学习天赋信念不一致以外，其他三个因子是相同的。因子提取的这种不完全一致性可能是由两个原因造成的：第一，调查研究的受试不同，本研究调查的是中国的高校英语教师，反映的是中国的情况；第二，本研究中的调查并未包含 BALLI 中的全部题项，题项不同或不完全相同能够造成所能提取的因子的差异。

除了英语学习本质信念认同程度突出以外，本研究的发现还有其他两个特点。这些特点说明了什么？为什么呈现出这些特点？本节下文结合问卷数据的相关分析和回归分析，以及访谈数据进行分析和讨论。

与教学观相比，教师对学习观部分不同题项认同程度的差异低。这一特点说明，具体涉及学习观的每一个具体观念时，教师的看法相对较为一致。表示“非常认同”和“非常不认同”的人数比例总体要比教学观部分低。教学观主要与受试教师的知识、能力和环境相关（见表6－5.2），不同教师的知识结构、教学自我效能感不同，因此他们对教学观具体主张的看法可能差异较大。而学习观主要与自己的英语学习经历、体会相关，在国内外语学习环境大体相同的情况下，大多数教师自身的英语学习经历和体会的区别会相对较小，他们对学习观各种具体主张的看法差异因而会相对较小。在学习观内部，对不同的具体观点，受试教师认同度的差异很大。如果和受试教师对不同语言观认同差异的程度做一个对照的话，可以看出，对于不同的学习观认同程度，教师的意见更为明确。正是因为教师们自己对于英语学习有着清晰明确的观点，他们才可能在选择时明确地表达出认同还是不认同。例如，第54题关于语言学习和运用中的目的语文化问题，教师的认同度非常高，均值达到4.55；而第55题关于语言表达准确性问题，教师的认同度非常低，均值仅为1.61，这表明教师对它们的态度和判断非常明确。

教师对学习观部分的总体认同程度较低，表明他们基于自己的英语学习体会，对问卷中部分的学习观念认可程度较低。在17道题中，平均得分低于3分（含3分）的有五题。这些题项主要集中在英语学习重点因子。第55题得分最低，均值仅为1.61，因子分析的结果表明它属于英语学习重点因子。从内容来看，该题强调英语学习中准确性的重要。笔者认为，教师整体上对该观点认可程度低的原因主要在于三点：其一，在以培养交际能力为目标的主流指导思想下，教师对学习者语言表达准确性的要求有所降低，只要表达能达成交际目的即可；其二，教师对学习者语言错误的容忍度和包容度比过去有所提高；其三，问卷中该题的表述过于绝对化。这三点原因在访谈数据中得到了证实。第60题得分均值为2.52，该题也是关于教师对学习者语言错误的容忍度问题，其得分较低与第55题的前两点原因相同。第61题得分均值为2.37，该题强调英语学习中语法学习的重要性。教师对该题的认同度较低，原因应该与主流的交际教学法回避语法的直接学习有关。第62题得分均值为2.61，该题是关于英语学习中口语等语言输出与听力等语言输入之间的难易问题。访谈结果解释了该题观点认同度较低的原因。受访教师普遍认为口语和写作需要对词汇和语法规则的掌握程度较高时才能顺利进行，而听力和阅读所需要调用的仅仅是消极词汇知识，语法规则也不需要完全掌握，因此，大多数教师认为外语输出比输入要难一些。第 66 题得分均值为 2.71，该题是关于英语学习中听、说等口语语言与读、写等书面语之间的难易问题，同时也间接涉及读、些的重要性问题。同样，因为口语和书面语言均同时存在语言输入和输出两个方面，因此简单地说书面语言比口头语言要容易也得不到大多数教师的认同。

学习观部分共包含四个因子：英语学习难易、英语学习重点、英语学习本质和英语学习策略。高校英语教师对这四个因子的认同程度存在差异。受试对英语学习本质因子认同程度最高而对英语学习重点因子认同程度最低说明了什么呢？不妨分析它们各自所包含的题项。学习本质因子包括 54、63、64 和 65 共四道题。第 54 题的得分均值在学习观部分所有题项中最高，教师对该题的高认同度说明在大多数教师的信念中，英语语言学习和英语国家的文化是分不开的，在英语学习和运用中，必须注意其所承载的文化的学习；英语的学习，其实质就是英美国家文化的学习。第 63 题明确提出英语学习是一种技能学习，在学习过程中需要借助多媒体手段辅助这种技能学习，同时访谈结果显示，大多数教师认同外语（语言）基础阶段的学习与其他专业的学习最主要的区别是，语言学习主要是技能学习，而经济、物理等其他学科主要是知识学习。综合起来看，教师们对第 63 和 64 题的认同实际上是对基础阶段的英语学习是一种技能学习这种学习本质的认同，这也是为什么在英语教学中强调听、说、读、写、译技能培养的原因。第 65 题体现的是教师对人类语言天赋的认同。至于教师为什么会认同这些关于英语学习本质的观点，从相关分析和回归分析结果可知，这主要与教师的教、学经验知识有关。英语学习重点因子包括 55、57、60、61 和 66 共五道题。除第 57 题以外，其他四道题的得分均值都在 3 分以下。其中，第 57 题的得分接近于 3 分，表明大多数教师对“英语学习的重点是词汇”这种观点持中立态度，不能说明他们的认同倾向，而其他三道题得分低的原因在上文中已做说明和解释。

7.2.4 教师的师生角色观

正式问卷中关于师生角色观的题项共 18 个，均由研究者根据文献自行设计。通过探索性因子分析，共提取出四个因子。因为第四个因子仅包含 1 个题项，题项太少，数据分析中未包含该因子。进行了数据分析的三个因子为：师生角色信念、师生地位信念和师生责任信念。综合分析表 6－3.7 和 6－3.8，高校英语教师的师生角色观呈现出如下特点：

第一，在各具体题项的认同差异方面，与教学观和学习观部分相比，教师之间的差异较小。标准差整体较低，最高为1.158，最低为.826，18道题中有11个题的标准差低于1（见表6－3.7）。

第二，在总体认同程度方面，与学习观部分相比，教师对师生角色观部分的内容的认同程度较高。18道题中均值大于或等于3.4分的有13道题，均值最高达到4.27分（见表6－3.7）。

第三，在因子认同度差异方面，教师对三种师生角色观的认同度之间存在差异，其中对师生角色信念因子的认同程度最高（均值为3.9739），对师生地位信念因子的认同程度最低（均值为2.9253）（见表6－3.8）。

本研究发现受试大多数教师认同教师承担着多重角色的观点，这些发现与楼荷英和寮菲（2005）、王红艳和解芳（2009）、郑新民和蒋群英（2005）等关于师生角色的调查结果基本一致。关于师生地位平等的问题，本研究中的问卷、访谈和上列文献中的调查结果也基本一致，大多数教师认为师生应该平等，但是在实际课堂教学中，由于各种原因难以做到真正的师生平等。

本研究发现了师生角色观的三个特点，本节下文就它们的形成原因进行分析和讨论。

与教学观和学习观部分相比，不同教师对同一题项的认同度差异较小。这说明不同教师对师生角色观中同一种具体观点的认同程度更为接近。对同一个具体观点，教师们要么整体倾向于认同，例如第67、70、71、72、73、76、77、84题；要么整体倾向于不认同，例如第79、81和83题，较少有五个选项数平均分布的情况。这说明，教师对师生角色观有着较为明确的认识，而且这种认识在教师之间是较为一致的。从表6－5.4、6－6.9、6－6.10和6－6.11可以看出，是与师生角色观相关而且有着因果关系的主要有教师的教学经验性知识和教育教学知识等知识储备，以及教学要求等教学环境条件。访谈结果也显示，受访教师是根据他们自己的教学经验、学生的学习和成长需要，以及教学主管部门的要求来对教师的角色做出判断的。基于此，笔者认为，教师之间对师生角色观的一致性认识是他们共同的教育教学知识和教学体会经验，以及国内高校基本一致的教学要求等环境条件造成的。

教师对师生角色观部分的认同程度总体上较高。特别是第67、70、71、72、73、76、77等属于师生角色信念因子的题项，均值大多在4分以上。仔细考察这些题项，其实它们对于教师主要角色的描述是各不相同的。这些题目得分的均值都比较高，这说明大多数高校英语教师认同这些角色。那么，为什么对这些各不相同的角色，教师们都有较高的认同程度呢？为什么教师们没有选择其一，而摒弃其他呢？我们认为，这说明两点：其一，问卷中所描述的这些不同的教师角色之间不是互相排斥，而是互相兼容的；其二，高校英语教师们认为外语教师的角色是多角度、多层次、多目的性的，外语教师既是引导者，还是学生思想改造者、学生发展培育师、创新者、学习活动的设计和安排者、课堂组织和管理者、学生英语质量控制者等。在教师的这些角色中，既有服务于促进学生全面发展、进行全人培养目的的，也有服务于学生英语知识技能学习目的的，还有服务于常规课堂组织和管理目的的。教师对这些不同角色的认同表明他们认为这些都应该是教师承担的角色。在 18 道题中，第 79、81 和 83 三道题的得分均值最低，均低为 3。第 79 题是关于学生学习成绩好坏的责任归属问题，该题均值为 2. 17，标准差低于 1。第 81 题是关于课堂教学中师生之间主配角的分配问题，该题均值为 2. 35，第 83 题是关于课堂中师生地位的问题，该题均值 2. 30。第 79 题的结果表明大多数教师都不认为学生学习成绩的好坏责任在于教师。访谈结果显示，教师认为学生是学习的主体，学生学习成绩的好坏是由学生自身决定的，由他们对英语学习的时间和精力投入、学习方法和语言天赋等决定的，教师只能起辅助作用。作为学习主体的学生在教学活动中自然也不应该是配角，其地位也不应该低于教师。所以，基于相同的原因，第 81 题关于课堂教学中教师是主角，学生是配角的角色分配得不到大多数受试教师的认同，第 83 题中课堂上教师的地位应该高于学生也得不到大多数受试教师的认同。

以因子为单位考察，受试教师对师生角色观部分三个因子的认同度之间存在显著差异。师生角色信念因子包括 69 至 78 共 11 道题，受试教师的认同程度最高，其含义和原因本节上文已做过分析。师生地位信念因子包括 68、81、83 和 84 共三道题，受试教师的认同程度最低。在这四道题中第 68 题的均值为 3，整体上看教师对“外语教师主要是语言知识提供者”这种观点持中立态度。但是，该题的标准差超过了 1，受试教师们对五个选项的选择比例基本呈平衡分布状态，表明教师对该题意见分歧较大。第 84 题的得分均值较高，超过了 4，而且标准差小于 1，教师的选择集体性偏向认同，只是因为第 81 和 83 两题得分均值低，拉低了整个因子的均值。81 和 83 两题认同程度低的原因在上段已做了分析和讨论，此处不再重复。

7.2.5　教师的英语教学专业观

调查问卷中英语教学专业观部分的题项共4个，第85题检测教师的英语教学专业基础信念，第86题检测英语教学专业发展信念，第87题检测英语教学专业人员发展信念，第88题检测英语教学专业态度信念。其中第88题是反向题，在做数据分析之前其分数已做反向处理。探索性因子分析结果显示该部分只能提取出一个因子。根据表6－3.9和6－3.10，高校英语教师的英语教学专业观呈现出如下特点：

第一，在各具体题项的认同差异方面，在整个教师信念的五个维度内，该维度教师之间的差异最小。标准差整体最低，最高为1.049，最低为.773，4道题中有3个题的标准差低于1（见表6－3.9）

第二，在总体认同程度方面，在整个教师信念的五个维度内，教师对英语教学专业观部分的认同程度最高。认同程度最高的第85题均值为4.63，最低的第88题为4.22。四道题的均值全部在4至5分之间（见表6－3.9）。

第三，在该维度内，教师对英语教学专业人员发展信念的认同程度最高，对英语教学专业态度信念的认同程度相对较低，它们的均值分别为4.63和4.22（见表6－3.9）。

国内对外语教师职业观的定量研究并不多见。吴一安（2005）建构的优秀外语教师素质框架的四个构成维度中的两个涉及教师的英语教学专业观：外语教师职业观和职业道德维度、外语教师学习和发展观，这两个维度分别相当于本调查中的英语教学专业态度信念和应用教学专业人员发展信念。吴的调查发现大多数受试教师具有敬业、认真的职业态度；具有不断进取、对教学知识不断追求和对教学工作不断反思的精神。这与本研究中所发现的大多数教师认同认真负责的专业态度信念和积极进取的专业发展信念这一情况相吻合。贾爱武（2003：83）发现年龄和教龄较长的外语教师在专业发展心理上具有较好的状态。本研究中未对年龄与教师专业观之间的关系进行定量分析。

本节下文将对本调查中所发现的英语教学专业观的三个特点做进一步分析和讨论。

受试教师对英语教学专业观部分的四个具体方面的观点认同差异最小，说明在教师信念系统的五个维度中，教师对英语教学专业观的意见是最为一致的。为什么不同教师的意见一致性程度这么高呢？这么高的一致性说明了什么呢？这需要分析英语教学专业观内四个方面的具体观点。第 85 题主张，作为一种专业的英语教学，需要其从业人员（即教师）具有扎实的专业基础，包括英语语言基础和外语教学技能基础。第 86 题主张英语教学专业与其他专业一样，是不断成长和发展的。第 87 题主张，教师作为一个不断发展的专业的从业人员，也应该不断学习提高自己，追随专业发展的脚步，不断发展自己。第 88 题是一个反向题，其反向之后，主张英语教师应该以严谨认真的态度，而不应该以应付任务的态度对待英语教学。综合考察这四种观点，它们的共同之处在于，英语教学不是一个普通的职业，而是一个对从业人员有着较高要求的专业，需要教师以积极认真的态度去对待。访谈结果显示，受访教师对英语教学的专业特点和要求有清晰的认识。研究者认为，教师对问卷中英语教学专业观部分相当一致的认同程度正是因为高校英语教师们对英语教学的专业特点和要求有着非常清醒的认识。一旦认识到位，对英语教学专业观的看法自然趋于一致。这么高的一致性体现出大多数高校英语教师有着作为英语教学专业人士的高度自觉性，他们会根据英语教学的专业基础要求和专业发展趋势特点，以严谨认真的态度努力发展自己，投入英语教学专业工作。

在整个教师信念的五个维度内，教师对英语教学专业观部分的认同程度最高。基于该部分的观点以及问卷和访谈的数据分析结果，我们认为主要有以下原因：第一，问卷调查英语教学专业观部分四个具体观点的特点有相同的趋势性，即以一种积极、认真、充满希望的态度对待英语教学专业和自己的事业发展，这些观点之间是相容一致的。而教师信念系统的其他四个维度——语言观、教学观、学习观和师生角色观内所包含各种具体观点有互不相同、甚至相互矛盾、相互排斥的情况。英语教学专业观部分内部观点的相容一致性为教师普遍的高认同程度提供了基础；第二，教师对英语教学的专业特点有清晰的、深入的认识。这种有高度的认识使他们倾向于认同问卷中关于英语教学专业基础、专业发展、专业人员发展和专业态度四个方面的观点；第三，与教师的英语教学专业观相关并且具有因果关系的影响因素主要有大学教师示范知识、教学方法知识、教学经验性知识和学习兴趣激发自我效能感等。这表明受试就读大学期间的教师对英语教学专业的积极、严谨和认真态度和行为示范部分地影响并塑造了大部分受试自己的英语教学专业观，同时受试自己所具有的教学方法知识、教学经验性知识和激发学生学习兴趣的自我效能感是他们认识到自己应该而且有能力以积极、严谨和认真的态度对待英语教学专业。这些影响因素促使教师们对问卷中英语教学专业观部分的观点有着高程度的认同。

在英语教学专业观维度内部，受试教师对英语教学专业态度信念的认同程度最低，它与其他三个方面信念的认同程度之间存在较大差异。英语教学专业观内部反映英语教学专业态度信念的第 88 题得分相对最低。仔细观察该题的分数分布情况，有一些与其他三道题不同的特点：第一，在四道题中，该题是得分均值的标准差唯一超过 1 的一道题；第二，得分频数中 1、2、3 分的频数均高于另外三道题，相应地，5 分的频数低于另外三道题。这表明在总体偏向认同的情况下，受试教师对于英语教学专业态度信念的认同集中度低于其他三个方面的信念。体现出在绝大多数受试教师不认为可以以普通、应付任务的态度对待英语教学的基础上，仍然有少数教师在一定程度上是认可这种态度的，这部分教师的教学态度信念仍然有改造、提升的空间，也有改造和提升的必要。

7.3 教师信念状况对教师自主发展的启示

7.3.1 对语言观发展的启示

不同的语言哲学观都有着各自的理据，它们对语言本质的解释都有其长处，也都有其不足。它们的区别，归根到底源自于对语言考察视角的不同。例如，语言工具观关注语言的外部实际用途，系统结构观关注语言的本体，天赋官能观关注语言的生物遗传性特征，社会现象观关注语言的社会性特征，交际功能观关注语言的语言本体与社会功能的接口，认知能力观关注人类语言能力发展的性质。因此，在缺少一个客观统一的衡量标准的情况下，我们无法也不应该对各种不同的语言哲学观做出孰优孰劣的判断。这也可能是为什么本研究的调查呈现出受试教师对各种不同的语言观都有较高程度的认同的原因之一。虽然调查结果显示出工具观、社会现象观和交际功能观得到了高校英语教师最高程度的认同，但是这种高程度的认同是由于教师的直接感受，以及接受更多的功能语言学学术熏陶造成的。

基于上述的讨论，本研究关于高校英语教师对语言观的了解程度和构成情况的调查结果对于教师语言观的发展有着直接的启示。首先，教师们在自己的业务理论学习中，可以解放思想，以一种开放的态度对待不同的语言观，以平等的眼光看待它们。对语言观的选择，应该尽可能有意识地避免先入为主的影响，一视同仁地对待自己先、后了解的不同语言观。对语言观的严肃选择，也不一定要以流行与否作为标准，因为如果以发展的眼光看待语言观，各种不同语言观的流行或成为主流也是一个不断发展的历史过程。其次，在平等对待的基础上，教师可以不仅仅着眼于当前国内主流的语言观，而是放开眼界，增加自己对不熟悉语言观的了解。再次，在广泛涉猎和深入思考的基础上，结合自己的教学经验判别和选择自己所相信的语言观，甚至是通过观察、实验和反思发展并持有自己独特的语言观。

7.3.2 对教学观发展的启示

问卷调查和访谈结果所反映出的高校英语教师对不同教学方法和教学目标的了解状况对于他们教学观的发展有所启示。这种启示主要在于高校英语教师应该有意识地加强对外语教学方法基本知识的学习和思考。

访谈结果显示，除了外语教学研究方向的教师没有表示不熟悉不同的英语教学方法和教学目标以外，其他学术方向的教师均表示他们对不同教学方法及目标的了解程度有限。具体体现为两个方面：第一，教师们对不同教学方法的名称都熟悉，但是部分教师对各种教学方法的系统性的主张及教学运用了解不全面。例如，有的受访教师对听说教学法除了这种方法的名称以外几乎完全不了解，有的受访教师表示了解交际教学法的一些主要观点，但是对于属于交际教学的不同教学方法的具体运用不了解。相比较来说，教师最为熟悉的还是语法翻译法。第二，教师缺少了解和学习不同教学方法的途径。受访教师们普遍认为自己的教学方法主要来自于自己职前教育中教师的教学示范，其他途径较少。例如，有的教师表示她毕业于非师范院校，职前阶段没有学习过教育学、心理学和教学法方面的课程；有的教师表示虽然自己职前学过外语教学法这门课程，但是学习到的相关知识很有限，现在所了解到的一些外语教学方面的知识主要来自于教育硕士的论文讨论和指导等工作之中。这说明对外语教学相关知识的欠缺在高校英语教师中并不是个别现象。

问卷调查涉及了语法翻译法、听说教学法和交际教学法这三种教学方法，以及语言规则、语言技能和语言功能这三种外语教学目标，调查结果反映出教师对它们的认同程度有着显著的区别。这种区别有可能是教师们明确选择倾向不同的结果，但是就访谈结果来看，这种不同可能极大地受到了教师对不同英语教学方法和英语教学目标不同熟悉程度的影响。教师们对它们的熟悉程度是不同的，这在一定程度上影响着教师对它们的选择倾向。

当前，外语教学已经步入了后方法时代。其典型特征是不再寻求某一种可以适用于所有教师和所有不同教学环境的有效教学方法，而是以工作在教学一线的教师为主体，根据不同的具体情况，选择、调整、创新并使用最符合教学情景需要的方法。但是，后方法时代的这种特征并不否认外语教师应该具备基本的外语教学知识，应该了解各种不同教学方法的主张，并且熟悉它们在教学中的运用，因为只有当教师们了解和熟悉各种不同的教学方法，在具体教学情景中，才有可能根据需要进行选择和创造。因此，高校英语教师教学信念的现状对他们自身的启示在于应该加强对外语教学方法基本知识的学习和思考，特别是对于自己缺少了解的教学方法有意识的学习。

7.3.3 对学习观发展的启示

调查结果所反映出的高校英语教师学习观现状对教师学习观发展的启示是，教师们最应该加强四类学习信念中的英语学习重点信念的发展。

问卷调查结果显示，在四类学习信念中，受试教师对英语学习重点信念的认同程度最低。这种低认同度一方面可能说明教师们对问卷相关题项中所列出的英语学习重点的几个方面不认同，也可能说明教师们对英语学习重点没有很清晰的认识，因而缺少明确的信念。问卷数据相关分析的结果表明，教师的教学经验性知识与其英语学习重点信念呈负相关，也就是说随着教师教学经验的增长，他们的英语学习重点信念越不明确。访谈数据显示，出于各种原因，大多数受访教师也认为自己的关于英语学习重点的把握并没有随着自己教学经验的增长而更加明确，反而愈加模糊。综合考虑以上三个方面的数据，可以判断教师在问卷调查中对英语学习重点信念的认同程度低的原因可能更多地是他们缺少对英语学习重点的明确把握。

作为英语教师，需要指导学生进行英语学习。在指导过程中，既需要有微观方面具体问题的指导，也需要有学习方法方面的指导，还需要有较为宏观方面关于高等教育阶段英语学习规划、全局的英语学习重点，以及不同阶段的英语学习重点等方面的指导。因此教师对英语学习重点应该具备非常清晰明确的认识和信念。

7.3.4 对师生角色观发展的启示

问卷和访谈调查结果所显示的高校英语教师的师生角色观现状及态度倾向对于师生角色观的发展有如下启示：第一，积极全面地发展高校英语教师的多重角色；第二，加强对课堂中恰当师生地位定位的试验、思考和确定。

问卷调查结果显示，在师生角色观中的师生角色信念、师生责任信念和师生地位信念的三个方面中，受试对师生角色观方面的认同程度最高。从问卷中该方面题项的得分均值来看，受试对问卷中所列出的十余种不同的教师角色均持较高程度的认同。这说明在教师的信念之中，大多数教师认为教师的角色并不是单一的，而是多重的、复杂的。访谈结果也显示所有受访教师都认为教师的角色是多重的。高校英语教师多重复杂角色特点的确认对教师发展的启示是：为了更好地从事教学工作，教师可以从多层面、多环节和多角度全面发展自己的角色。从层面上来看，教师的角色不仅包括课堂教学的层面，还包括课堂教学之上的层面。课堂教学层面的角色包括英语语言知识和语言输入材料的提供者，英语语言技能的示范者，课堂教学活动的策划者、组织者、参与者和帮助者、教学效果的监控者和检测者等。课堂教学之上层面的角色包括教学项目设计的制定者、教学计划制定的参与者、课程的设计者、课程大纲的制定者、教学项目效果评估设计的制定者、参与者和实施者等。从环节来看，教师的角色包括课前、课中和课后三个环节的角色。课前角色包括教学目标的设定者、教学内容的准备者、教学材料的准备者、教学活动的设计者等。课中角色包括本段上文所列的课堂教学层面的多种角色。课后角色包括课堂教学行为的反思者、教学效果的评估者、学生作业批改者、学生课后学习活动的参与者和监督检测者等。从多角度来看，教师的角色不仅包括学生英语学习的帮助者，同时也是学生全人发展的促进者。帮助学生进行英语学习，这是英语教师的基本角色。激励学生的生活学习热情、开发学生的潜能、促使学生的思想和知识的全面发展也是教师的角色，这种角色贯穿于上述的各个层面和各个环节中的角色之中。

课堂师生地位定位的问题值得教师进一步思考。问卷调查显示，受试对于课堂教学中教师应该比学生地位高这一观念的认同程度较低。这就表明，大多数教师认为课堂教学中教师和学生的相对地位应该是平等的或者是学生比教师高。但是这一观点与访谈中结果并不一致。访谈显示，没有受访教师认为学生的地位应该比教师高；极少数受访教师认为课堂教学中师生应该平等，而且自己也是按照自己的信念去实践的；部分教师表示在其观念之中，师生应该是平等的，但是在教学实践中，要做到师生平等较为困难；有教师明确表示，教师的地位应该高于学生，因为只有这样教师才有一定的权威性，才能保证教学活动的顺利开展以及教学任务的顺利完成。由此看来，课堂教学之中，师生地位问题是一个颇具争议的问题。该问题的争议性也就表明了它的研究价值。教师们可以利用自己的课堂，根据自己知识、能力、环境和人格等方面的实际情况，反复试验，寻找最适合于自己并有利于教学的师生定位标准。

7.3.5 对英语教学专业观发展的启示

调查结果显示整体上高校英语教师的英语教学专业观较为明确，但是其内部不同方面信念发展的不平衡性对于进一步发展英语教学专业观的重点有启示，该重点为英语教学专业态度。

在英语教学专业观内部的四个方面中，问卷调查受试教师在英语教学人员专业基础、英语教学专业发展和英语教学专业人员发展三个方面的得分都很高，表明他们在这三个方面有着明确的信念，从问卷相关题项的内容来看，这种信念是一种积极、乐观和严谨的信念，是良好的信念。第四个方面，即英语教学专业态度方面得分在英语教学专业观维度内得分最低。从问卷相关题项的内容来看，教师们对于应该以专业的态度对待英语教学这个方面的信念发展在整个英语教学专业发展观维度内的发展中相对滞后。高校英语教师们在自我发展中，可以而且应该更严格地要求自己，真正将自己作为专业人员，将英语教学作为一种专业，以严谨、认真、专心、负责的态度对待英语教学，自觉地努力提升自己的英语教学专业态度。

7.4 小结

本章对问卷和访谈调查结果及其分析进行了讨论，讨论围绕本研究所涉及的三个问题展开，主要内容包括：

（1）高校英语教师信念五个核心构成维度的现状特点及其说明的问题；

（2）高校英语教师信念现状对教师发展的启示。

高校英语教师信念五个维度的构成分别具有如下特点：

语言观维度有如下特点：（1）高校英语教师对各种不同语言观的认同程度总体较高；（2）不同受试教师对同一语言观认同程度的差异不大；（3）受试教师认同程度最高的是工具观、社会现象观和交际功能观，认同程度最低的是天赋官能观。

教学观维度有如下特点：（1）不同受试对不同题项所述教学信念的认同

程度差异较大；（2）不同受试对归属于同一因子题项的认同程度的差异较小；（3）教师认同程度最高的是交际—功能教学观，最低的是听说—技能教学观。

学习观维度有如下特点：（1）受试教师对学习观部分不同题项认同程度的差异总体比教学观部分低；（2）受试教师对学习观部分的内容的认同程度低于教学观部分；（3）受试教师对英语学习本质信念的认同度最高，对英语学习重点信念的认同度最低。

师生角色观维度有如下特点：（1）在各具体题项的认同差异方面，教师之间的差异较小；（2）在总体认同程度方面，教师对师生角色观部分的内容的认同程度较高；（3）教师对师生角色信念因子的认同程度最高，对师生地位信念因子的认同程度最低。

英语教学专业观有如下特点：（1）在各具体题项的认同差异方面，教师之间的差异最小；（2）在总体认同程度方面，教师的认同程度高；（3）英语教学专业态度信念与其他三个方面的信念之间仍然有显著差异。

高校英语教师信念现状对于高校教师自身发展有如下启示：

语言观方面：教师可以解放思想，以一种开放的态度对待不同的语言观，在此基础上，放开眼界，增加自己对不熟悉的语言观的了解，并结合自己的教学经验判别和选择自己所相信的语言观，甚至是通过观察、实验和反思发展并持有自己独特的语言观。教学观方面：教师应该加强对外语教学方法基本知识的学习和思考，特别是对于自己缺少了解的教学方法的有意识学习。学习观方面：教师们最应该加强四类学习信念中英语学习重点信念的发展。师生角色观方面：教师可以积极全面地发展高校英语教师的多重角色，加强对课堂中恰当师生地位定位的试验、思考和确定。英语教学专业观方面：专业观发展的重点是英语教学专业态度信念。

第八章

结　论

8.1　研究的内容与发现

基于外语教师认知研究的历史发展沿革和现状，本书以建构高校英语教师认知与行为关系的概念理论框架为基础，以该框架中教师信念为重点，提出了高校英语教师信念系统的核心构成维度，并通过问卷和访谈的方法调查了这些构成维度的特点。本文的研究重点围绕着三个问题展开：

第一，高校英语教师群体的信念系统由哪些核心维度构成？

第二，这些核心维度包含哪些子维度？

第三，高校英语教师信念系统各核心维度有哪些特征？

8.1.1　教师认知与行为的概念框架

该概念框架的建构采用文献研究的方法进行。在文献分析和综合的基础上，本书提出高校英语教师的信念系统由五个核心维度构成，它们分别是外语（英语）语言观、英语教学观、英语学习观、师生角色观和英语教学专业观。在对 Simon Borg（2003，2006）所提出的关于语言教师认知、环境和课堂教学等元素之间关系的图式，以及其他关于语言教师信念、信念影响因素相关文献的分析、综合和讨论的基础上，本文提出了由教师信念影响因素、教师信念、教师决策、教学行为和结果反馈五个部分构成的“英语教师认知与教学行为关系的概念框架”。在该概念框架中，教师信念居于教师认知的核心位置。该框架如图 8－1 所示：

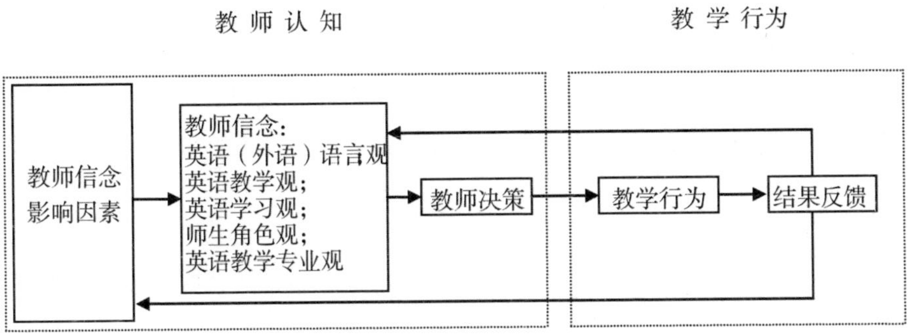

图 8－1　英语教师认知与教学行为关系框架

8.1.2　教师信念系统的构成状况和特点

对于高校英语教师信念及其影响因素的构成状态和特点探究是采用问卷调查和访谈调查的方法进行的。因为需要调查教师的普遍性情况，所以研究中的分析以问卷调查的数据为主，访谈数据用于对问卷数据提供支撑或对问卷数据所呈现出的特点进行进一步解释。围绕着本文提出的概念框架中教师信念的五个维度，以相关文献为依据，研究者设计了较为综合的调查问卷。问卷调查数据的分析表明，教师信念的各构成维度分别包含一个或多个因子。教师信念中的语言观维度仅包含一个因子，教学观维度包含英语教学交际—功能、语法—规则、听说—技能三个因子，学习观维度包含英语学习本质、重点、难易和策略四个因子，师生角色观维度包含英语教学师生角色、师生责任和师生地位三个因子，英语教学专业观仅包含一个因子。

高校英语教师信念五个核心维度的构成分别具有不同的特点，各特点分别说明不同的问题。

语言观维度：第一，高校英语教师对各种不同语言观的认同程度总体较高；第二，不同受试教师对同一语言观认同程度的差异不大；第三，受试教师认同程度最高的是工具观、社会现象观和交际功能观，认同程度最低的是天赋官能观。第一个特点说明教师信念系统中不同的语言观并存，第二个特点说明高校英语教师所接受的语言学及语言哲学教育内容和深度差别不大，第三个特点说明教师的语言观受到其所掌握的语言哲学知识的明显影响。

教学观维度：第一，不同受试对不同题项所述教学信念的认同程度差异较大；第二，不同受试对归属于同一因子题项的认同程度的差异较小；第三，教师认同程度最高的是交际—功能教学观，最低的是听说—技能教学观。第一个特点说明教师们对不同的教学观念有着较为明确的选择，第二个特点一方面说明将教学观部分分为三个因子是合理的，另一方面也说明教师对不同的教学观能做一定的区别，第三个特点说明教师的教学观与主流的外语教学理念及教师对它们的熟悉情况有关。

学习观维度：第一，受试教师对学习观部分不同题项认同程度的差异总体比教学观部分低；第二，受试教师对学习观部分的内容的认同程度低于教学观部分；第三，受试教师对英语学习本质信念的认同度最高，对英语学习重点信念的认同度最低。第一个特点说明具体涉及学习观的每一个具体观念时，教师的看法与教学观部分相比相对较为一致，第二个特点说明基于自己的英语学习体会，教师对问卷中部分的学习观念认可程度较低，第三个特点说明教师的学习观主要与自身的学习经历和教学理念有关。

师生角色观维度：第一，在各具体题项的认同差异方面，教师之间的差异较小；第二，在总体认同程度方面，教师对师生角色观部分的内容的认同程度较高；第三，教师对师生角色信念因子的认同程度最高，对师生地位信念因子的认同程度最低。第一个特点说明不同教师对师生角色观中同一种具体观点的认同程度接近；第二个特点说明英语教师们认同外语教师的角色具有多角度性、多层次性和多目的性；第三个特点说明教师的师生角色信念较为一致，而师生地位信念区别相对较大。

英语教学专业观维度：第一，在各具体题项的认同差异方面，教师之间的差异最小；第二，在总体认同程度方面，教师的认同程度高；第三，英语教学专业态度信念与其他三个方面的信念之间有明显差异。这些特点说明除了英语教学专业态度方面一致程度稍低以外，高校英语教师对于英语教学专业人员的专业基础、英语教学专业发展和英语教学专业人员发展三个方面有着清楚、积极的观念。

8.2　本研究的发现与教师学习

本书所述的研究发现，可以为高校英语教师发展自身的教学业务能力的实践活动提供一定的参考依据。

在促进教师自身语言观发展方面：教师可以解放思想，以一种开放的态度对待不同的语言观，在此基础上，放开眼界，增加自己对不熟悉的语言观的了解，并结合自己的教学经验判别和选择自己所相信的语言观，甚至是通过观察、实验和反思发展并持有自己独特的语言观。

在促进教师自身的教学观发展方面：教师应该加强对外语教学方法基本知识的学习和思考，特别是对于自己缺少了解的教学方法的有意识学习。

在促进教师自身的教师学习观发展方面：教师们最应该加强四类学习信念中英语学习重点信念的发展。

在促进教师自身的师生角色观发展方面：教师可以积极全面地发展高校英语教师的多重角色，加强对课堂中恰当师生地位定位的试验、思考和确定。

在促进教师自身的英语教学专业观发展方面：专业观发展的重点是英语教学专业态度信念。

8.3 研究局限与展望

本研究在文献的基础上提出了高校英语教师认知与其教学行为的概念理论框架，通过问卷和访谈调查，探讨了该理论框架中高校英语教师的信念的构成特征。但是，为了保证研究重点的突出，且限于篇幅，本研究在理论框架的构成元素、构成元素之间复杂关系的验证和调查数据的挖掘方面尚有不完善的地方。

本书所提出的英语教师信念系统的英语语言观、教学观、学习观、师生角色观和英语教学专业观五个构成维度维度涵盖了 Burns（1992）、Calderhead（1996）、Richards（2000）、Richards 和 Lockhart（2000），Williams 和 Burden（2000）、刘烨（2004）、刘莉和杨艳芳（2008）等相关学者所提出的英语教师信念构成的所有方面。但是，为了兼顾覆盖性和简洁性，这五个维度仅以英语教学活动为中心，依据教学活动的对象、活动本身和参与者三个核心元素对教师信念系统进行概括和区分。是否有游离于教学活动之外的教师信念，本书未予考虑。要解决这一问题，需要从更宏观的层面考虑教师信念的构成。

目前，国内以高校外语教师信念为核心的教师认知研究仍不多见，尚需做更全面和深入的研究。本书在理论框架中提出了教师信念影响诸因素、教师信念、教师决策、教学行为和结果反馈共五类涉及教师认知与行为过程的元素之间复杂的相互关系。这些关系是基于社会认知理论、社会建构主义理论以及现有相关文献，通过分析和逻辑推理而提出的。本书仅报告了该理论框架中教师信念系统部分的构成特征，教师信念影响因素的构成特征未作探讨，该框架构成元素间的复杂关系尚待检验。这些关系中，除了教师决策与教学行为的关系已在该领域讨论过以外（见 Shavelson 1981），其他构成元素之间的相互关系尚需要予以检验。只有在所有的关系都得到证实之后，该理论框架才能正式成立。随着研究的深入，是否能发现更多地尚未包括在本文理论框架之内的教师认知与行为的基本构成元素，这是值得继续研究的问题。人类对世界的认知具有情景性、社会性、个体和相关工具间的分布性三个特征（Putnam &. Borko 2000），因此，考察教师认知与行为的基本构成元素之间的相互关系时需要注意情境性、社会性、个人和相关工具间的分布性等各个方面。这就要求这类研究需要具备系统性，关注到教师认知与行为的各个方面。同时，这类研究既需要通过逻辑思维提出理论，还需要通过实证检验提出理论。

教师信念的发展变化规律以及教师信念的形成机制需要做长期的跟踪式研究。随着教学实践的发展，教师的信念也在发展变化。教师信念的发展变化有什么样的规律，这需要长期的跟踪式研究才能发现。Kagan（1992）指出，教师信念研究之中，很缺乏的一个方面就是长期的跟踪式研究。只有长期深入的跟踪式研究，才有可能窥探教师信念的发展变化规律。此外，各种教师信念影响因素对教师信念的具体影响情况，即教师信念的形成机制，也需要长期的跟踪式考察。本文证实了四类影响因素对教师信念的影响关系，但是没有探讨这些因素究竟是如何影响教师信念的形成与发展的。如果能够通过历时的跟踪观察、多次阶段性的访谈等方法探明教师的知识、自我效能感、认知环境及人格特征对于教师具体信念形成与发展的影响，必然有利于探明教师信念的形成机制以及教师信念对这些影响因素的制约机制。这两种机制的探明一方面有利于教师认知研究的深入，另一方面有利于教师自觉自主地发展自己的信念、有目的有方法地扩展自己的知识、提高自我效能感、增加对外部环境的认知和养成自己的职业人格。

教师的教学信念与学生的学习信念之间的接口有必要进行研究。以教师信念为代表的教师认知研究的目的归根究底是发现教师的教学认知与学生的学习认知之间的关联，寻求适合于学生学习认知特点的教师认知特点和规律。Borg（2006：284）指出，目前的研究中，教师信念等教师认知研究与学生的学习认知研究平行发展，鲜有交集。在后续研究中，有必要将教师信念与学生信念关联起来，通过在特定主题、课程等范围内的对比，考察它们之间的接口。

有必要进一步探讨和挖掘以教师信念为核心的教师认知研究在高校教师发展中的应用。教师认知研究的应用价值在于为教师发展提供启示，指导教师的自主发展和学校教师教育工作，并最终为提高高校的教育质量和效率服务。教师信念影响因素的探明对于促进教师信念的发展有启示。探明教师信念对教师决策机制的影响有利于了解教师决策过程，提高教师决策质量和效率。行为反馈促进教师信念影响因素发展变化机制的探明有利于了解教学行为对教师知识、能力、认知环境和人格的反推作用，对于教师的教育教学反思活动的开展有启示。将以教师信念为代表的教师认知研究成果应用于教师发展的研究属于应用型研究，对于推进教师发展有着直接的意义和作用。

参考文献

Abelson, R. Differences between belief systems and knowledge systems [J] . *Cognitive Science*, 1979, (3): 355 ~ 366.

Ajzen, I. From intentions to actions: A theory of planned behavior [A] . J. Kuhl and J. Beckmann. *Action control: From Cognition to Behavior* [C] . Heidelberg: Springer, 1985: 11.

Ajzen, I. The theory of planned behavior [J] . *Organizational Behavior and Human Decision Processes*, 1991, 50 (2): 179 ~ 211.

Ajzen, I. Perceived behavioral control, self - efficacy, locus of control, and the theory of planned behavior [J] . *Journal of Applied Social Psychology*, 2002, 32 (4): 665 ~ 683.

Ajzen, I. , B. Driver. Application of the theory of planned behavior to leisure choice [J] . *Journal of Leisure Research*, 1992, 24 (3): 207 ~ 224.

Altan, M. Beliefs about language learning of foreign language - major university students [J] . *Australian Journal of Teacher Education*, 2006, 31 (2): 45 ~ 52.

Bailey, K. , A. Curtis and D. Nunan. 追求专业化发展：以自己为资源 [M] . 北京：外语教学与研究出版社, 2004.

Bandura, A. Self - efficacy mechanism in human agency [J] . *American Psychologist*, 1982, 37: 122 ~ 147.

Bandura, A. Temporal dynamics and decomposition of reciprocal determinism: A reply to Phillips and Orton [J] . *Psychological Review*, 1983, 90: 166 ~ 170.

Bandura, A. Social Cognitive Theory: An Agentic Perspective [J] . *Annual Review of Psychology*, 2001b, 52: 1 ~ 26.

Bandura, A. 思想和行动的社会基础——社会认知论 [M] . 上海：华东师大出版社, 2001a.

Bateman, B. Student teachers' attitudes and beliefs about using the target language in the classroom [J] . *Foreign Language Annals*, 2008, 41 (1): 11 ~ 28.

Beijaard, D., N. Verloop and J. Vermunt. Teachers' perceptions of professional identity: an exploratory study from a personal knowledge perspective [J]. *Teaching and Teacher Education*, 2000, 16: 749 ~ 764.

Bell, D. Do teachers think that methods are dead [J]. *ELT Journal*, 2007, 61 (2): 135 ~ 143.

Blaikie, N. *Designing Social Research: The Logic of Anticipation* [M]. Malden, MA: Blackwell Publishers Inc., 2000: 273.

Borg, S. Talking about grammar in the foreign language classroom [J]. *Language Awareness*, 1998, 7: 159 ~ 175.

Borg, M. Teachers' beliefs [J]. *ELT Journal*, 2001, 55 (2): 186 ~ 188.

Borg, S. Teacher cognition in language teaching: A review of research on what language teachers think, know, believe, and do [J]. *Language Teaching*, 2003, 36 (2): 81 ~ 109.

Borg, S. *Teacher Cognition and Language Education* [M]. London: Continuum, 2006.

Borko, H. Professional development and teacher learning: Mapping the terrain [J]. *Educational Research*, 2004, 33 (8): 1 ~ 15.

Brown, C., T. Cooney. Research on teacher education: A philosophical orientation [J]. *Journal of Research and Development in Education*, 1982, 15 (4): 13 ~ 18.

Burns, A. Starting all over again: From teaching adults to teaching beginners [A]. D. Freeman and J. Richards. *Teacher Learning in Language Teaching* [C]. Cambridge: Cambridge University Press, 1996: 154 ~ 177.

Calderhead, J. *Teachers' Classroom Decision – making* [M]. London: Holt, Rinehart and Winston, 1984.

Calderhead, J. Teachers: Beliefs and knowledge [A]. D. Berliner and R. Calfee. *Handbook of Educational Psychology* [C]. New York: Macmillan, 1996: 709 ~ 725.

Carter, K. Teachers' knowledge and learning to teach [A]. W. Houston and J. Sikula. *Handbook of Research on Teacher Education* [C]. New York: MacMillan, 1999.

Chiou, Ai – S. *Taiwanese EFL Teachers' beliefs about reading and language teaching* [D]. Denton, Texas: Texas Woman's University, 2005.

Clark, C., P. Peterson. Teachers' thought processes [A]. M. Wittrock. *Handbook of Research on Teaching* (*3rd edition*) [C]. New York: Macmillan, 1986: 255 ~ 296.

Clark, C., R. Yinger. Research on teacher thinking [J]. *Curriculum Inquiry*, 1977, 7: 279 ~ 304.

Crookes, G., L. Arakaki. Teaching idea sources and work conditions in an ESL program [J]. *TESOL Quarterly*, 1999, 8: 15 ~ 19.

De Garcia, R. , S. Reynolds and S. Savignon. Foreign – Language Attitude Survey [J] . *The Canadian Modern Language Review*, 1974, 32: 302 ~ 302.

De Guerrero, M. , O. Villamil. Exploring ESL Teachers' Roles through Metaphor Analysis [J] . *TESOL Quarterly*, 2000, 34 (2): 341 ~ 351.

Deford, D. Validating the construct of theoretical orientation in reading instruction [J] . *Reading Research Quarterly*, 1985, 20 (3): 351 ~ 367.

Dougiamas, M. A journey into constructivism [OL] . 1998, Retrieved August, 2010, from http: //dougiamas. com/writing/constructivism. html.

Duffy, G. , L. Anderson. Teachers' theoretical orientations and the real classroom [J] . *Reading Psychology*, 1984, 5 (1): 97 ~ 104.

Duffy, T. , D. Cunningham. Constructivism: Implications for the design and delivery of instruction [A] . D. Jonassen. *The Handbook of Research on Educational Communications and Technology* [C] . New York: Macmillan, 1996: 170 ~ 198.

Eggen, P. , D. Kauchak. *Educational Psychology: Windows on Classrooms* (6th Edition) [M] . 西安: 陕西师范大学出版社, 2005.

Eisenhart, M. , J. Shrum, J. Harding et al. Teacher beliefs: Definitions, findings and directions [J] . *Educational Policy*, 1988, 2 (1): 51 ~ 70.

Fang, Z. A review of research on teacher beliefs and practices [J] . *Educational Research*, 1996, 38: 47 ~ 65.

Fosnot, C. *Constructivism: Theory, Perspectives, and Practice* [M] . New York: Teachers College Press, 1996.

Freeman, D. Language teacher education, emerging discourse, and change in classroom practice [A] . J. Flowerdew, M. Brock and S. Hsia. *Perspectives on Second Language Teacher Development* [C] . Hong Kong: City Polytechnic of Hong Kong, 1992: 1 ~ 21.

Freeman, D. *Doing Teacher – Research: From Inquiry to Understanding* [M] . 北京: 外语教学与研究出版社, 2005.

Garrett, T. Student – centered and teacher centered classroom management: A case study of three elementary teachers [J] . *The Journal of Classroom Interaction*, 2008, 43 (1): 34 ~ 47.

Gatbonton, E. Investigating experienced ESL teachers' pedagogical knowledge [J] . *Modern Language Journal*, 1999, 84: 35 ~ 50.

Geelan, D. Epistemological anarchy and the many forms of constructivism [J] . *Science & Education*, 1997, 6 (1): 15 ~ 28.

Gow, L. , D. Kember. Conceptions of teaching and their relationship to student learning [J] . *British Journal of Educational Psychology*, 1993, 63: 20 ~ 33.

Green, T. *The Activities of Teaching* [M]. New York: McGraw-Hill, 1971.

Gregoire, M. Is it a challenge or a threat? A dual-process model of teachers' cognition and appraisal processes during conceptual change [J]. *Educational Psychology Review*, 2003, 15 (2): 147~179.

Grossman, P. What are we talking about anyway? Subject-matter knowledge of secondary English teachers [A]. J. Brophy. *Advances in Research on Teaching: Teachers' Subject Matter Knowledge and Classroom Instruction* [C]. Greenwich: JAI Press, 1991: 245~264.

Gusky, T. 教师专业发展评价 [M]. 北京: 中国轻工业出版社, 2005.

Harrington, S., T. Hertel. Foreign language methods students' beliefs about language learning and teaching [J]. *Texas Papers in Foreign Language Education*, 2000, 5 (1): 53~68.

Harvey, O. J. Belief systems and attitudes toward the death penalty and other punishments [J]. *Journal of Psychology*, 1986, 54: 143~159.

Horwitz, E. Using student beliefs about language learning and teaching in the foreign language methods course [J]. *Foreign Language Annals*, 1985, 18 (4): 333~340.

Horwitz, E. The beliefs about language learning of beginning university foreign language students [J]. *Modern Language Journal*, 1988, 72 (3): 283~294.

Horwitz, E. Attending to the affective domain in the foreign language classroom [A]. S. Magnan. *Shifting the instructional focus to the learner* [C]. Middlebury, VT: Northeast Conference on the Teaching of Foreign Language, 1990.

Horwitz, E. Cultural and situational influences on foreign language learners' beliefs about language learning: A review of BALLI studies [J]. *System*, 1999, 27: 557~576.

Jackson, P. *Life in Classroom* [M]. New York: Teachers College Press, 1990.

Johnson, K. The relationship between teachers' beliefs and practices during literacy instruction for non-native speakers of English [J]. *Journal of Literacy Research*, 1992a, 24 (1): 83~108.

Johnson, K. The instructional decisions of pre-service English as a second language teachers: New directions for teacher preparation programs [A]. M. Flowerdew and S. Hsia. *Perspectives on Second Language Teacher Education* [C]. Hong Kong: City Polytechnic of Hong Kong, 1992b.

Johnson, K. The emerging beliefs and instructional practices of preservice English as a second language teachers [J]. *Teaching and Teacher Education*, 1994, 10 (4): 439~452.

Jonassen, D. Objectivism versus constructivism: Do we need a new Philosophical paradigm? [J]. *Educational Technology: Research and Development*, 1991, 39 (3): 5~14.

Jonassen, D., K. Peck, et al. *Learning with Technology: A Constructivist Perspective* [M].

Upper Saddle River, NJ: Merrill, 1999.

Kagan, D. Implications of research on teacher belief [J]. *Educational Psychologist*, 1992, 27 (1): 65 ~ 90.

Kember, D. A reconceptualization of the research into university academics' conceptions of teaching [J]. *Learning and Instruction*, 1997, 7 (3): 255 ~ 275.

Kember, D. and K. Kwan. Lecturers' approaches to teaching and their relationship to conceptions of good teaching [A]. N. Hativa and P. Goodyear. *Teacher Thinking, Beliefs and Knowledge in Higher Education* [C]. Boston: Kluwer Academic Publisher, 2002: 219 ~ 239.

Knudson, R. *The relationship between pre – service teachers' beliefs and practices during literacy instruction for non – native speakers of English* [R]. Long Beach, California State University, 1998.

Kounin, J. *Discipline and Group Management in Classrooms* [M]. New York: Hot, Rinehart and Winston, 1970.

Kuntz, P. S. *Beliefs about language learning: The Howwitz model* [R]. Madison, University of Wisconsin – Madison, 1996.

Lee, I. Ten mismatches between teachers' beliefs and written feedback practice [J]. *ELT Journal*, 2009, 63 (1): 13 ~ 22.

Lenski, S., M. Wham and D. Griffey. Literacy orientation survey: A survey to clarify teachers' beliefs and practices [J]. *Reading Research and Instruction*, 1998, 37 (3): 217 ~ 236.

McAlpine, L., C. Weston. Reflection: Issues related to improving professors' teaching and students' learning [J]. *Instructional Science*, 2000, 28: 363 ~ 385.

McCarty, F., M. Abbott – Shim and R. Lambert. The relationship between beliefs and practices, and head start classroom quality [J]. *Early Education and Development*, 2001, 12 (2): 225 ~ 238.

Meijer, P., N. Verloop and D. Beijaard. Similarities and differences in teachers' practical knowledge about teaching reading comprehension [J]. *The Journal of Educational Research*, 2001, 94 (3): 171 ~ 184.

Mitchell, J., P. Marland. Research on the teacher thinking: The next phase [J]. *Teaching and Teacher Education*, 1989, 5: 115 ~ 128.

Munby, H. The place of teachers' beliefs in research on teacher thinking and decision making, and an alternative methodology [J]. *Instructional Science*, 1982, 11: 201 ~ 225.

Nesper, J. The role of beliefs in the practice of teaching [J]. *Journal of Curriculum Studies*, 1987, 19 (4): 317 ~ 328.

Nunan, D. The teacher as decision – maker [A]. J. Flowerdew, M. Brock and S. Hsia.

Perspectives on Second Language Teacher Education [C]. Hong Kong: City Polytechnic, 1992: 135 ~ 165.

Oxford, R. Constructivism: Shape – shifting, substance, and teacher education applications [J]. *Peabody Journal of Education*, 1997, 72 (1): 35 ~ 66.

Pajares, M. F. Teachers' beliefs and educational research: Cleaning up a messy construct [J]. *Review of Educational Research*, 1992, 62: 307 ~ 332.

Peacock, M. Pre – service ESL teachers' beliefs about second language learning: A longitudinal study [J]. *System*, 2001, 29 177 ~ 195.

Pehkonen, E. On the concept "mathematical belief [R]. *The State – of – Art in Mathematics – related Belief Research: Results of the MAVI Activities* [C], Helsinki, Finland, Department of Teacher Education, University of Helsinki, 1998.

Peterson, P., E. Fennema, T. Carpenter, et al. Teachers' pedagogical content beliefs in Mathematics [J]. *Cognition and Instruction*, 1989, 6 (1): 1 ~ 40.

Porter, A., D. Freeman. Professional orientations: An essential domain for teacher testing [J]. *Journal of Negro Education*, 1986, 55 (3): 284 ~ 292.

Putnam, R. T., H. Borko. What do new views of knowledge and thinking have to say about research on teacher learning [J]. *Educational Research*, 2000, 29 (1): 4 ~ 15.

Richards, J. *Beyond Training: Perspectives on Language Teacher Education* [M]. 北京：外语教学与研究出版社, 1998.

Richards, J. 30 years of TEFL/TESL: A personal reflection [J]. *RELC Journal*, 2002, 23 (2): 1 ~ 36.

Richards, J. and C. Lockhart. *Reflective Teaching in Second Language Classrooms* [M]. 北京：人民教育出版社, 2000.

Richards, J., T. Rodgers. *Approaches and Methods in Language Teaching (Second Edition)* [M]. 北京：外语教学与研究出版社, 2008.

Richards, J., B. Ho, K. Giblin. Learning how to teach in the RSA Cert [A]. D. Freeman and J. Richards. *Teacher Learning in Language Teaching* [C]. New York: Cambridge University Press, 1996: 242 ~ 259.

Richardson, V. The role of attitudes and beliefs in learning to teach [A]. J. Sikula, T. Buttery and E. Guyton. *Handbook of Research on Teacher Education (2nd edition)* [C]. New York: Macmillan, 1996: 102 ~ 119.

Richardson, V. *Constructivist Teacher Education: Building New Understandings* [M]. London: Falmer, 1997.

Richardson, V., P. Anders, D. Tidwell, et al. The relationship between teachers' beliefs and practices in reading comprehension instruction [J] . *American Educational Research Journal*, 1991, 28 (3): 559 ~586.

Roehler, L. , G. Duffy. Teachers' instructional action [A] . R. Barr, M. Kamil, P. Mosenthal et al. *Handbook of Reading Research* [C] . New York: Longman, 1991: 861 ~864.

Rokeach, M. *Beliefs, Attitudes, and Values: A Theory of Organization and Change* [M] . San Francisco: Jossey – Bass, 1968.

Sahin, C. , K. Bullock and A. Stables. Teachers' beliefs and practices in relation to their beliefs about questioning at key stage 2 [J] . *Educational Studies*, 2002, 28 (4): 371 ~384.

Salomon, G. *Distributed Cognitions: Psychological and Educational Considerations* [M] . Cambridge: Cambridge University Press, 1997.

Shavelson, R. , P. Stern. Research on teachers' pedagogical thoughts, judgments, decisions and behavior [J] . *Review of Educational Research*, 1981, 51 (4): 455 ~498.

Shulman, L. S. Those who understand: Knowledge growth in teaching [J] . *Educational Research*, 1986, 15 (2): 4 ~14.

Shulman, L. S. Knowledge and teaching: Foundations of the New Reform [J] . *Harvard Educational Review*, 1987, 57 (1): 1 ~21.

Shulman, L. S. Truth and consequences? Inquiry and policy in research on teacher education [J] . *Journal of Teacher Education*, 2002, 53 (3): 248 ~253.

Shulman, L. S. , A. S. Elstein. Studies of problem solving, judgment, and decision making: Implications for educational research [J] . *Review of Research in Education*, 1975 (3): 3 ~42.

Shulman, L. S. , J. H. Shulman. How and what teachers learn: A shifting perspective [J] . *Journal of Curriculum Studies*, 2004, 36 (2): 257 ~271.

Sigel, I. E. *A conceptual analysis of beliefs* [C] . Hillsdale, NJ: Erlbaum, 1985.

Smith, M. , W. Geoffrey. *The Complexities of and Urban Classroom* [M] . New York: Holt, Rinehart and Winston, 1968.

Snider, V. , R. Roehl. Teachers' beliefs about pedagogy and related issues [J] . *Psychology in the Schools*, 2007, 44 (8): 873 ~886.

Solas, J. Investigating teacher and student thinking about the process of teaching and learning using autobiography and reparatory grid [J] . *Review of Educational Research*, 1992, 62 (2): 205 ~225.

Southerland, S. , G. Sinatra and M. Matthews. Belief, knowledge, and science education [J] . *Educational Psychology Review*, 2001, 13 (4): 325 ~351.

Thompson, A. Teachers' beliefs and conceptions: A synthesis of the research [A] . D. Grouws. *Handbook of Research on Mathematics Teaching and Learning* [C] . New York: Macmillan, 1992: 127

~145.

Tomasello, M. Do young children have adult syntactic competence? [J]. *Cognition and Instruction*, 2000, (74): 209~253.

Trigwell, K., M. Prosser and F. Waterhouse. Relations between teachers' approaches to teaching and students approaches to learning [J]. *Higher Education*, 1999, 37: 57~70.

Verloop, N., J. Van Driel and P. Meijer. Teacher knowledge and the knowledge base of teaching [J]. *International Journal of Educational Research*, 2001, 35: 441~461.

Von Glaserfeld, E. *Radical Constructivism: A Way of Knowing and Learning* [M]. London: The Falmer Press, 1995.

Vygotsky, L. *Thought and Language* [M]. Cambridge, MA: MIT Press, 1986.

Wallace, M. *Training Foreign Language Teachers: A Reflective Approach* [M]. Cambridge: Cambridge University Press, 1991.

Wertsch, J. *Voices of the Mind, Sociocultural Approach to Mediated Action* [M]. Cambridge, MA: Harvard University Press, 1991.

Williams, M. and R. Burden. *Psychology for Language Teachers* [M]. 北京：外语教学与研究出版社, 2000.

Wink, J., L. Putney. *A Vision of Vygotsky* [M]. Allyn and Bacon: A Pearson Education Company, 2002.

Woods, D. *Teacher Cognition in Language Teaching: Beliefs, Decision-making, and Classroom Practice* [M]. Cambridge: Cambridge University Press, 1996.

Yang, N. The relationship between EFL learners' beliefs and learning strategy use [J]. *System*, 1999, 27 (4): 515~555.

Zimmerman, B. Self-efficacy: An essential motive to learn [J]. *Contemporary Educational Psychology*, 2000, 25 (1): 82~91.

包薇．大学英语学习者信念与教师信念研究［D］．长春市：吉林大学, 2005.

蔡笑岳．教师专业发展与教育科研［M］．广州：暨南大学出版社, 2007.

陈红，郭春宁．Belended learning 模式下的大学英语教师教学信念研究［J］．中国电化教育, 2009,（12）: 101~104.

陈红．教改背景下的大学英语教师教学信念体系的构想与设计［J］．外语与外语教学, 2009,（12）: 27~29.

陈玮．外语教师专业化发展之内外兼修论［J］．长春理工大学学报, 2010, 23（2）: 119~121.

陈文存．论外语教学中的理念［J］．外语界, 2005,（6）: 11~15.

陈向明．实践性知识：教师专业发展的知识基础［J］．北京大学教育评论, 2003, 1

(1)：104～112.

陈原．社会语言学［M］．北京：商务印书馆，2000.

成晓光．班杜拉的社会学习理论中的认知因素［J］．辽宁师范大学学报，2003，26(6)：30～33.

高丽佳，戴卫平．刍议乔姆斯基和韩礼德的语言观［J］．广西社会科学，2008，(3)：167～170.

高强，张洁．大学英语教师语法教学信念研究［J］．中国外语，2010，7(5)：77～84.

高文．维果茨基心理发展理论与社会建构主义［J］．外国教育资料，1999，(4)：10～14.

高潇怡，庞丽娟．论教师教育观念的本质与结构［J］．社会科学战线，2009，(3)：250～253.

顾明远．教育大辞典［Z］．上海：上海教育出版社，1998：785.

郭晓娜．教师教学信念研究的现状、意义及趋势［J］．外国教育研究，2008，35(10)：92～96.

郭裕建．"学与教"的社会建构主义观点述评［J］．心理科学，2002，25(1)：104～106.

侯丽红．语言观的演变和语言研究［J］．解放军外国语学院学报，2004，27(4)：30～34.

纪海英，郭本禹．从新行为主义到社会建构主义：班杜拉研究范式的转变［J］．心理科学，2006，29(1)：225～227.

贾爱武．外语教师专业发展的理论与实证研究［D］．上海：华东师范大学，2003.

赖昌贵．A. 班杜拉的社会学习理论述评［J］．福建师范大学学报，1993，(4)：119～126.

李慧．语言工具论与外语教学［J］．解放军外国语学院学报，2001，24(4)：64～67.

李叶霞．探讨高校英语教师专业化的路径［J］．吉林广播电视大学学报，2010，(5)：56～57.

林一刚．教师信念研究综述［J］．浙江师范大学学报，2008，33(3)：79～84.

刘桦．论英语教师信念体系［J］．西南交通大学学报，2004，5(3)：93～98.

刘立华．社会建构主义视角下的话语分析［J］．西安外国语大学学报，2009，17(2)：51～53.

刘莉，杨艳芳．教师教育信念研究综述［J］．内蒙古师范大学学报，2008，21(12)：45～51.

刘儒德．建构主义，是耶？非耶？［J］．中国电化教育，2004，(1)：16～20.

刘学惠，申继亮．教师认知研究回溯与思考：对教师教育之意涵［J］．教育理论与实践，2006，26（6）：46～49.

楼荷英，寮菲．大学英语教师的教学信念与教学行为的关系——定性与定量分析研究［J］．外语教学与研究，2005，37（4）：271～275.

皮亚杰．认识发生论［M］．北京：商务印书馆，1987.

钱冠连．不当交际工具使用的语言［J］．外语与外语教学，2001，（2）：2～6.

秦晓晴．外语教学问卷调查法［M］．北京：外语教学与研究出版社，2009.

瞿卫星．试论教师的教育信念［J］．江西教育科研，1998，（5）：22～24.

申继亮，李永鑫 等．教师人格特征和组织认同与工作倦怠的关系［J］．心理科学，2009，32（4）：774～777.

宋宏福．论教师的教育信念及其培养［J］．现代大学教育，2004，（2）：37～39.

覃成强．论英语教师的教学信念与课堂教学实践的关系［J］．外语教学，2007，28（5）：40～44.

谭敬德，陈清．建构主义学习理论的认识论特征分析［J］．现代教育技术，2005，15（6）：10～13.

谭敬德，徐福荫．乔纳森建构主义的认识论特征分析及其对教学设计发展的影响［J］．现代教育技术，2006，16（1）：13～68.

唐名祥．班杜拉社会学习理论探讨［J］．海南师院学报，1993，6（2）：14～18.

唐卫海，杨孟萍．简评班杜拉的社会学习理论［J］．天津师大学报，1996，（5）：30～35.

王恭志．教师教学信念与教学实务之探析［J］．教育研究咨询，2000，8（2）：99～124.

王红艳，解芳．大学英语教师的教学信念与教学方法个案研究［J］．哈尔滨学院学报，2009，30（1）：133～137.

王慧霞．国外关于教师信念问题的研究综述［J］．宁波大学学报（教育科学版），2008，30（5）：61～65.

王丽华．教师学习的内涵及对教师教育的启示［J］．浙江教育学院学报，2007，（3）：14～18.

王涛．维果茨基的社会建构主义及文化观［J］．广西社会科学，2006，（12）：159～162.

王远新．社会语言学的语言观和方法论［J］．中央民族大学，2005，32（2）：137～144.

维果茨基．思维与语言［M］．杭州：浙江教育出版社，1997.

邬志辉．教师教育理念的现代化及其转化中介［J］．东北师大学报：哲学社会科学版，2000，（3）：80～86.

吴一安．外语教师研究：成果与启示［J］．外语教学理论与实践，2008，（3）：32～39.

辛涛，申继亮．论教师的教育观念［J］．北京师范大学学报，1999，（1）：14～19.

徐翠．英语教师教学信念——关于三本院校的个案研究［J］．中国外语，2009，（6）：93～96.

易凌云，庞丽娟．教师教育观念：内涵、结构与特征的思考［J］．教师教育研究，2004，（3）：6～11.

愈国良，辛自强．教师信念及其对教师培养的意义［J］．教育研究，2000，（5）：16～20.

袁晓红，刘桂玲．语言研究中的生物观［J］．外语学刊，2008，（4）：106～109.

岳淑丽．从规范性走向享受性的教师学习［J］．中国教师，2010，（1）：45～49.

詹全旺．话语分析的哲学基础——建构主义认识论［J］．外语学刊，2006，（2）：14～19.

张奎明，苏娜．建构主义认识论思想的渊源探究［J］．临沂师范学院学报，2009，31（1）：46～49.

张奎明．建构主义视野下的教师素质极其培养研究［D］．上海：华东师范大学，2005.

张民选．译丛总序［M］．教师专业发展评价．北京：中国轻工业出版社，2005：Ⅰ～Ⅷ.

赵康．专业、专业属性及判断成熟专业的六条标准［J］．社会学研究，2000，（5）：30～39.

肇彤．英语教师语言学习信念［D］．辽宁：辽宁师范大学，2006.

郑东辉．社会建构主义学习理论述评［J］．宁波大学学报，2004，（6）：35～38.

郑新民，蒋群英．大学英语教学改革中“教师信念”问题的研究［J］．外语界，2005，（6）：16～22.

周立斌．论教师的教育信念［J］．湖南科技学院学报，2006，27（7）：247～249.

附录I

英语教师信念调查问卷

英语教师信念调查问卷

（正式问卷）

尊敬的老师：

您好！

本问卷是关于高校外语教师教学信念的一项调查。本调查不记名，不涉及任何教师评价目的和价值判断，您提供的信息仅用于本人的博士论文研究。研究的基本假设是教师的外语课堂均在其教学信念的基础上进行，并且任何信念均有其存在的理据。作答问卷相关事项说明如下：

1）本问卷中的教师信念指您在英语课堂中实施各种教学行为的心理决策依据，即在课堂中决定做什么和怎样做的心理依据。

2）本问卷中所涉及的英语教学均指大学基础阶段的英语教学，不涉及高年级语言文学等专业知识的教学。

3）请您根据自己的实际情况放心、如实地填写。

基本情况（说明：下列各题除有特殊说明外均为单选题）

1. 您的性别：________。① 男 ②女

2. 您出生于________年。

3. 您的职称是 ________。①助教 ②讲师 ③副教授 ④教授

4. 您的最终学历学位是（含正在攻读的学位）________。

①专科　②学士　③硕士　④博士

5. 您教外语多少年了？________

①0 ~ 5 ②6 ~ 10 ③11 ~ 15 ④16 ~ 20 ⑤21 ~ 25 ⑥26 ~ 30 ⑦超过 30

6. 您的最主要学术研究方向是：________。

①语言学 ②外语教学相关 ③文学 ④翻译 ⑤其他：________

7. 您在您的最主要学术研究方向写作和发表过论文________篇。

①0 ②1～3 ③4～6 ④7～10 ⑤超过10

8. 您教过下列哪些课程：______________。（＊ 本题可多选）

①综合英语（精读）类②阅读（泛读）类③（视）听类

④口语类⑤写作类⑥翻译类

⑦语言学（理论）类⑧文学类⑨教学法（学习策略）类

⑩英美概况类大学英语综合课大学英语读写课

大学英语听说课语音类 语法类

其他：________________

9. 您教授时间最长的课程是：________________。（＊本题的选项同第8题，可多选）

对于下列表述，请根据您的认同程度，从① – ⑤中勾选。①表示非常不认同；②表示较不认同；③表示中立或不了解；④表示比较认同；⑤表示非常认同。

10. 语言是用以思维、阅读与交际的工具。……………… ① ② ③ ④ ⑤

11. 语言是由语音、语法、词汇等互相联系的元素构成的，用于表达意义的结构系统。…………………………………………………… ① ② ③ ④ ⑤

12. 语言是一种天赋与人的、具有生物学基础的能力。它由组词造句的规则和用以造句的词语构成。…………………………………… ① ② ③ ④ ⑤

13. 语言是一种社会现象，随社会的发展而发展。……… ① ② ③ ④ ⑤

14. 语言是表达功能、意义的载体。… …………………… ① ② ③ ④ ⑤

15. 语言是个人在社会现实与文化、生理基础和其他认知能力等因素共同作用的基础上形成的一种普通的认知能力。……………………… ① ② ③ ④ ⑤

16. "熟练掌握某种语言"包括听、说、读、写各方面。…………………
………………………………………………………………… ① ② ③ ④ ⑤

17. 学习实用语法知识很重要。… ……………………… ① ② ③ ④ ⑤

18. 教师应该时刻要求学生使用正确的英语表达。……… ① ② ③ ④ ⑤

19. 英语的发音和音标应该在学生英语学习之初就分别教给学生。 ……
………………………………………………………………… ① ② ③ ④ ⑤

20. 播放音、视频的英语课程能提高学生学习英语的兴趣。……………………………………………………………………………… ① ② ③ ④ ⑤
21. 英语教学中使用文化方面的材料会增强学生说英语的动机。……………………………………………………………………………… ① ② ③ ④ ⑤
22. 学好英语需要充分的个人自觉。…… ……………… ① ② ③ ④ ⑤
23. 结构、句型练习不能给学生使用英语提供有意义的环境。…… ………………………………………………………………………… ① ② ③ ④ ⑤
24. 语言学习能力是天生的。因此，能学好母语就能学好外语。……………………………………………………………………………… ① ② ③ ④ ⑤
25. 语音室是英语教、学不可缺少的设备。……………… ① ② ③ ④ ⑤
26. 应该从小学就开始学习英语。……………………… ① ② ③ ④ ⑤
27. 学生的英语成绩应该主要通过书面考试的方式评定。………………………………………………………………………………… ① ② ③ ④ ⑤
28. 在教授英语会话时应该创设真实的生活场景。… …… ① ② ③ ④ ⑤
29. 教师自己的英语流利并不是保证有效教学的先决条件。……………………………………………………………………………… ① ② ③ ④ ⑤
30. 学生应该用完整的英语句子回答问题。……………… ① ② ③ ④ ⑤
31. 在英语教学中，最应该强调听和说。…… …………… ① ② ③ ④ ⑤
32. 在英语学习过程中，犯错误应该看作是自然的，不可避免的。………………………………………………………………………… ① ② ③ ④ ⑤
33. 如果学生有了汉语语法的基础，再学习英语会容易些。… ………………………………………………………………………… ① ② ③ ④ ⑤
34. 能用英语交流不仅仅需要语法知识。……………… ① ② ③ ④ ⑤
35. 语言可以被看作是由学习者有意识地学习和控制的系列语法结构。………………………………………………………………… ① ② ③ ④ ⑤
36. 只要学生试着清楚地用英语表达自己的意思，他们就是在学习英语。………………………………………………………………… ① ② ③ ④ ⑤
37. 当时纠正学生口语中的错误并在事后讲解，有助于他们口语的提高。………………………………………………………………… ① ② ③ ④ ⑤
38. 只要我们的学生听、练英美人士的口语表达，他们就在学习英语。………………………………………………………………… ① ② ③ ④ ⑤

39. 一般来说，要想流利地说英语，学生需要理解英语语法规则。……
……………………………………………………………… ①②③④⑤

40. 当学生犯口语错误时，帮助他们对引起错误的语言结构进行大量口头练习，会有利于他们口语的提高。…………………………… ①②③④⑤

41. 语言可以被看作是有意义的交际工具，可在社会情景中无意识地获得。……………………………………………………… ①②③④⑤

42. 如果学生懂一些基本的英语语法规则，他们就可以据此创造出大量的新句子。…………………………………………………… ①②③④⑤

43. 对学生而言，一般来说，将注意力放在说话的内容上比放在语言形式上更重要。…………………………………………… . ①②③④⑤

44. 如果我们的学生练习地道英语的语言结构，他们可以基于这些练习过的结构，造出新句子。…………………………………… . ①②③④⑤

45. 在我们的英语教学中，清晰准确地呈现、讲解语法结构是很重要的。
……………………………………………………………… ①②③④⑤

46. 语言可以看作是一系列的行为，这些行为可以通过对以英语为母语的人所持语言结构的大量机械性操练和练习学会。……………… ①②③④⑤

47. 当我们的学生犯口语错误时，只要不影响理解，就忽略这些错误。
……………………………………………………………… ①②③④⑤

48. 英语学习者在掌握了听、说的基本技能后才能进入读、写训练阶段。
……………………………………………………………… ①②③④⑤

49. 没有必要特意地去教学生的口语，条件成熟，他们自己就会开始说。
……………………………………………………………… ①②③④⑤

50. 少年儿童比成年人学外语更容易。………………………… ①②③④⑤

51. 有些人在外语学习方面更有天赋。………………………… ①②③④⑤

52. 有些语言比另外一些语言学起来容易些。 ……………… ①②③④⑤

53. 在说英语时，准确的发音很重要。………………………… ①②③④⑤

54. 使用英语，有必要了解英语国家的文化。 ……………… ①②③④⑤

55. 除非你能够正确表达，否则就不要开口说英语。 …… ①②③④⑤

56. 在英语国家学习英语是最好的。 ………………………… ①②③④⑤

57. 外语学习中最重要的部分是词汇。………………………… ①②③④⑤

58. 外语学习中，大量的重复和练习是很重要的。 ……… ①②③④⑤

59. 女性比男性要擅长学习外语。 ……………………… ①②③④⑤

60. 如果容许学生初学英语时犯错误，他们以后很难将错误纠正过来。……………………………………………………………… ①②③④⑤

61. 外语学习中最重要的部分是语法学习。… …………… ①②③④⑤

62. 说外语比理解外语要容易些。 ……………………… ①②③④⑤

63. 外语学习中，利用磁带、MP3、等音频设备进行练习很重要。 ……………………………………………………………… ①②③④⑤

64. 外语学习和其他专业科目学习不同。 ……………… ①②③④⑤

65. 每个人都可以学会讲外语。 ………………………… ①②③④⑤

66. 读、写英语比听、说英语要容易些。 ……………… ①②③④⑤

67. 外语教师主要是一个合作引导者，他（她）们引导、帮助学生达成学习目标，将自己置于次于学生的地位，而不是作为权威出现。…… ………………………………………………………………… ①②③④⑤

68. 外语教师主要是语言知识提供者。… ……………… ①②③④⑤

69. 外语教师主要是学生的改造者，通过创造学习机会帮助学生改变、挑战和超越自己。 ………………………………………………… ①②③④⑤

70. 外语教师是一个培育师，通过提供持久的支持和反馈在学生英语学习过程中充当媒介作用，激发他们的潜能，促进他们的发展。 ……………… ………………………………………………………………… ①②③④⑤

71. 外语教师是创新者，即时了解外语教学领域的新发展，将新方法应用于课堂教学实践。 …………………………………………… ①②③④⑤

72. 外语教师的主要角色是学习活动的设计者和安排者。 ……………… ………………………………………………………………… ①②③④⑤

73. 外语教师的基本职责是组织和管理课堂环境及学生行为，使学生的学习效果最大化。 …………………………………………… ①②③④⑤

74. 外语教师应该充当学生课堂上使用的英语的质量控制者，肯定正确的用法，纠正错误的用法。… …………………………………… ①②③④⑤

75. 外语教师的主要角色是充当学生小组学习的组织者，给学生创设小组合作学习的环境。 …………………………………………… ①②③④⑤

76. 外语教师的主要作用是帮助学生发现自己的学习方式，能独立学习。………………………………………………………………… ①②③④⑤

77. 外语教师的主要角色是激发学生英语学习的兴趣和信心。…………………………………………………………………………………………… ①②③④⑤
78. 外语教师应该将全班看作一个学习小组，自己是小组中的一员。…………………………………………………………………………………… ①②③④⑤
79. 学生英语学习成绩的好坏主要责任在教师。………… ①②③④⑤
80. 学生英语学习成绩的好坏主要责任在学生。………… ①②③④⑤
81. 课堂教学中，老师是主角，学生应该配合老师上好课。……………………………………………………………………………………………… ①②③④⑤
82. 课堂教学中，学生是主角，老师应该按照学生的需要上好课。……………………………………………………………………………………… ①②③④⑤
83. 课堂上，教师的地位应该高于学生。…………………… ①②③④⑤
84. 课堂上，师生的地位应该是平等的。…………………… ①②③④⑤
85. 英语教学需要教师有扎实的专业基础。……………… ①②③④⑤
86. 英语教学本身是一个不断发展的专业。……………… ①②③④⑤
87. 英语教学需要教师孜孜以求，不断学习提高。……… ①②③④⑤
88. 英语教学是一个普通的职业，完成任务即可。……… ①②③④⑤

辛苦您了！谢谢您完成问卷！

附录II

英语教师信念访谈提纲

1. 对语言的本质，人们有不同的看法，例如工具观、结构系统观、天赋官能观、社会现象观、意义功能观、认知能力观。对于这六种语言观，您最认同的是什么？为什么？

2. 在语法翻译法及与之关系密切的外语教学的规则目标观、交际教学法及与之关系密切的外语教学功能目标观、听说教学法及与之关系密切的外语教学技能目标观三种教学途径中，您最熟悉的是那一种？使用最多的是那种教学途径？

3. 您对外语学习中学生表达准确性的要求怎样，是否容忍学生犯错误？什么样的错误可以容忍或忽略？您认为在以交际能力为培养目标的主流思想中，教师对学生语言准确性要求是否有所降低？

4. 在英语学习中，一般来说输出（例如口语）是否比输入（例如阅读理解）要容易？

5. 您自我感觉对于英语学习的重点、（内容和技能的）难易、本质和策略等方面的理解和把握程度如何（高、较高、中等、较低、低）？您对它们的理解和把握来自哪儿（自身英语学习的体会和经验？学生时期老师的强调？学术著作？……）

6. 在英语学习中是否有必要掌握英语国家的文化，为什么？

7. 有人认为，英语学习其实质是一种技能的学习。它与其他学科的最大区别是：其他学科主要是知识学习，而语言的学习主要是技能学习。您认为对吗？

8. 您认为英语教师的角色是单一的还是多重的？您的判断依据是什么？（知识？经验？环境要求？）

9. 您认为大学生英语学习成绩好坏的主要责任在于谁？是教师还是学生？

为什么？大学阶段的师、生责任分配和中学阶段有不同吗？

10. 您认为英语课堂教学中，教师和学生之间应该有主、配角之分吗？应该怎样进行角色分工？教学经验的增长会促使您调整对师、生角色分配的看法吗？

11. 您认为英语课堂之中，教师和学生的地位应该怎样安排？是平等还是一高一低？为什么？

12. 您认为英语教学是一个普通的职业，还是一个对从业的教师有着较高要求的专业？这种要求体现在哪些方面？

附录III

教师信念及影响因素各维度因子分析结果

因子分析——语言观分析

KMO 和 Bartlett 的检验

取样足够度的 Kaiser - Meyer - Olkin 度量。		.872
Bartlett 的球形度检验	近似卡方	818.867
	df	15
	Sig.	.000

解释的总方差

成分	初始特征值			提取平方和载入		
	合计	方差的 %	累积 %	合计	方差的 %	累积 %
1	3.575	59.588	59.588	3.575	59.588	59.588
2	.788	13.126	72.714			
3	.530	8.831	81.544			
4	.411	6.843	88.387			
5	.378	6.305	94.693			
6	.318	5.307	100.000			

提取方法：主成分分析。

成分矩阵[a]	
	成分
	1
Zscore：14 题	.837
Zscore：11 题	.811
Zscore：13 题	.804
Zscore：15 题	.794
Zscore：10 题	.775
Zscore：12 题	.582
提取方法 ：主成分分析法。	
a. 已提取了 1 个成分。	

语言观维度因子分析碎石图

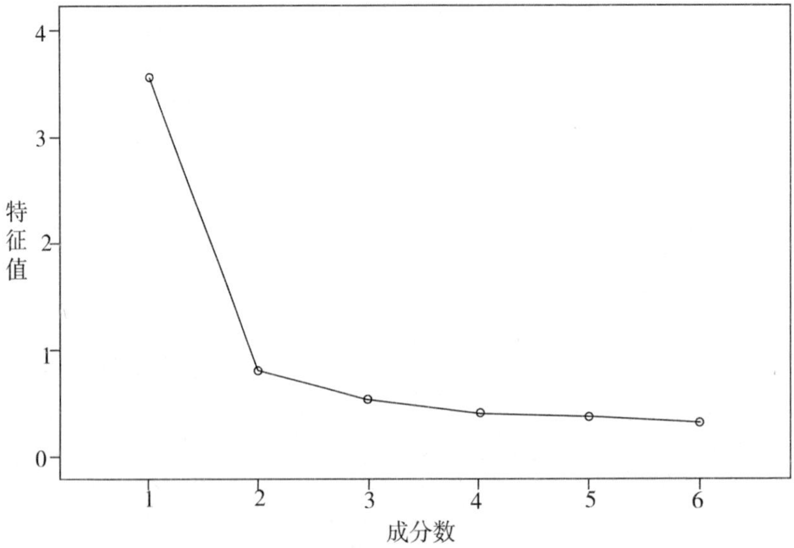

因子分析——教学观分析

KMO 和 Bartlett 的检验

取样足够度的 Kaiser - Meyer - Olkin 度量。		.814
Bartlett 的球形度检验	近似卡方	2814.896
	df	561
	Sig.	.000

解释的总方差

成分	初始特征值			提取平方和载入			旋转平方和载入		
	合计	方差的 %	累积 %	合计	方差的 %	累积 %	合计	方差的 %	累积 %
1	6.271	18.445	18.445	6.271	18.445	18.445	4.791	14.091	14.091
2	2.939	8.643	27.088	2.939	8.643	27.088	3.588	10.553	24.644
3	1.966	5.782	32.870	1.966	5.782	32.870	2.797	8.226	32.870
4	1.626	4.782	37.653						
5	1.517	4.461	42.114						
6	1.347	3.961	46.075						
7	1.265	3.721	49.796						
8	1.102	3.241	53.036						
9	1.028	3.022	56.059						
10	.960	2.822	58.881						
11	.929	2.732	61.613						
12	.913	2.686	64.299						
13	.838	2.465	66.764						
14	.801	2.356	69.120						
15	.770	2.264	71.385						
16	.756	2.222	73.607						
17	.711	2.092	75.698						
18	.701	2.062	77.760						
19	.680	2.001	79.761						

续表

解释的总方差

成分	初始特征值			提取平方和载入			旋转平方和载入		
	合计	方差的 %	累积 %	合计	方差的 %	累积 %	合计	方差的 %	累积 %
20	.658	1.936	81.697						
21	.598	1.758	83.456						
22	.577	1.696	85.151						
23	.568	1.672	86.823						
24	.551	1.619	88.443						
25	.506	1.489	89.932						
26	.463	1.363	91.295						
27	.449	1.320	92.615						
28	.432	1.272	93.886						
29	.407	1.198	95.085						
30	.381	1.121	96.205						
31	.367	1.079	97.285						
32	.349	1.026	98.311						
33	.314	.923	99.233						
34	.261	.767	100.000						

提取方法：主成分分析。

教学观维度因子分析碎石图

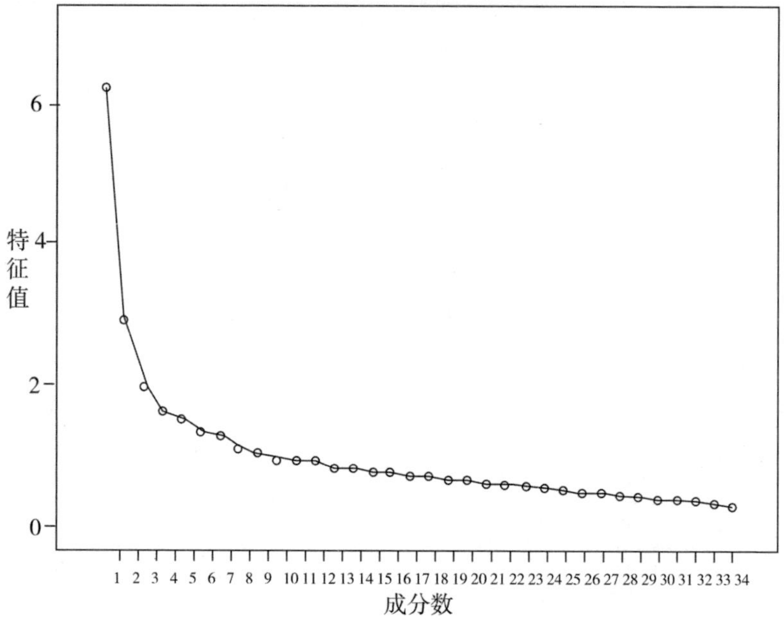

旋转成分矩阵[a]

	成分		
	1	2	3
Zscore：32 题	.690		
Zscore：34 题	.672		
Zscore：22 题	.638		
Zscore：21 题	.638		
Zscore：20 题	.615		
Zscore：16 题	.591	.382	
Zscore：41 题	.549		
Zscore：28 题	.548		
Zscore：36 题	.545		
Zscore：43 题	.493		
Zscore：38 题	.452	.313	
Zscore：47 题	.386		

续表

旋转成分矩阵[a]

	成分		
	1	2	3
Zscore：31 题	.353		
Zscore：25 题			
Zscore：27 题			
Zscore：26 题			
Zscore：45 题		.724	
Zscore：40 题		.641	
Zscore：39 题		.628	
Zscore：17 题		.587	
Zscore：44 题	.346	.556	
Zscore：46 题		.497	.334
Zscore：35 题		.428	.313
Zscore：42 题		.413	
Zscore：37 题		.408	.328
Zscore：49 题			.610
Zscore：24 题			.558
Zscore：30 题			.527
Zscore：48 题			.516
Zscore：29 题			-.497
Zscore：23 题			.497
Zscore：18 题		.338	.473
Zscore：33 题			.430
Zscore：19 题			.302

提取方法 ：主成分分析法。
旋转法 ：具有 Kaiser 标准化的正交旋转法。

a. 旋转在 5 次迭代后收敛。

因子分析——学习观分析

KMO 和 Bartlett 的检验

取样足够度的 Kaiser – Meyer – Olkin 度量。		.812
Bartlett 的球形度检验	近似卡方	970.528
	df	136
	Sig.	.000

解释的总方差

成分	初始特征值			提取平方和载入			旋转平方和载入		
	合计	方差的 %	累积 %	合计	方差的 %	累积 %	合计	方差的 %	累积 %
1	3.463	20.373	20.373	3.463	20.373	20.373	2.380	13.998	13.998
2	2.246	13.212	33.585	2.246	13.212	33.585	2.207	12.984	26.982
3	1.265	7.439	41.024	1.265	7.439	41.024	1.973	11.609	38.591
4	1.105	6.503	47.527	1.105	6.503	47.527	1.519	8.936	47.527
5	.969	5.699	53.226						
6	.967	5.690	58.917						
7	.879	5.171	64.088						
8	.830	4.885	68.973						
9	.811	4.770	73.743						
10	.738	4.343	78.086						
11	.699	4.114	82.201						
12	.668	3.931	86.132						
13	.574	3.377	89.509						
14	.554	3.257	92.766						
15	.486	2.859	95.625						
16	.415	2.440	98.065						
17	.329	1.935	100.000						

提取方法：主成分分析。

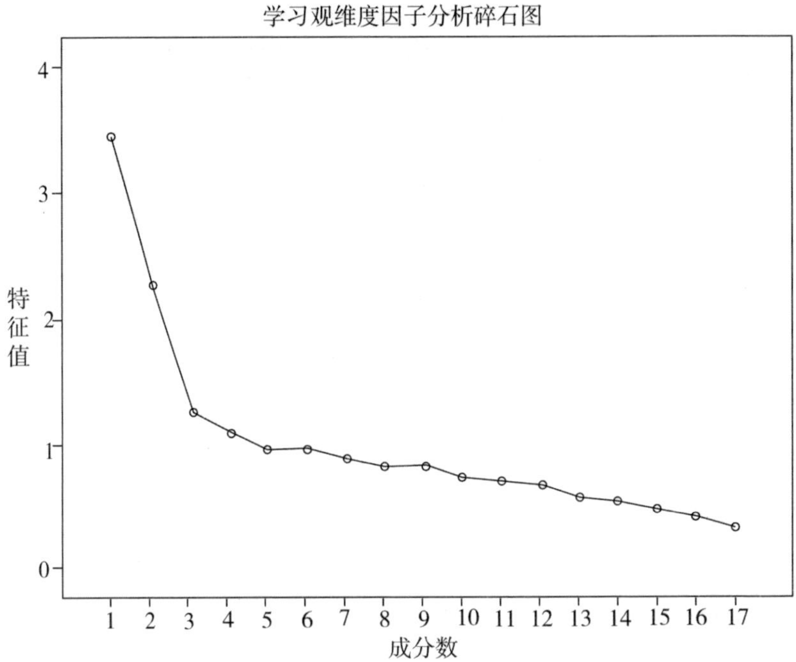

旋转成分矩阵[a]

	成分			
	1	2	3	4
Zscore：52 题	.755			
Zscore：51 题	.679			.301
Zscore：59 题	.604			
Zscore：50 题	.563			
Zscore：56 题	.488			
Zscore：61 题		.663		
Zscore：57 题		.660		
Zscore：55 题		.620	-.396	
Zscore：60 题		.533		
Zscore：66 题		.497		
Zscore：65 题			.724	
Zscore：63 题			.692	.342

续表

旋转成分矩阵[a]

	成分			
	1	2	3	4
Zscore：64 题			.586	
Zscore：54 题	.428	-.377	.462	.336
Zscore：53 题	.322			.649
Zscore：58 题				.583
Zscore：62 题		.354		.482

提取方法：主成分分析法。
旋转法：具有 Kaiser 标准化的正交旋转法。

a. 旋转在 6 次迭代后收敛。

因子分析——师生角色观分析

KMO 和 Bartlett 的检验

取样足够度的 Kaiser - Meyer - Olkin 度量。		.875
Bartlett 的球形度检验	近似卡方	1997.790
	df	153
	Sig.	.000

解释的总方差

成分	初始特征值			提取平方和载入			旋转平方和载入		
	合计	方差的 %	累积 %	合计	方差的 %	累积 %	合计	方差的 %	累积 %
1	5.755	31.971	31.971	5.755	31.971	31.971	5.128	28.487	28.487
2	2.107	11.708	43.680	2.107	11.708	43.680	2.234	12.412	40.899
3	1.321	7.339	51.019	1.321	7.339	51.019	1.717	9.541	50.440
4	1.099	6.104	57.123	1.099	6.104	57.123	1.203	6.682	57.123
5	.929	5.160	62.283						
6	.833	4.627	66.910						

续表

解释的总方差

成分	初始特征值			提取平方和载入			旋转平方和载入		
	合计	方差的 %	累积 %	合计	方差的 %	累积 %	合计	方差的 %	累积 %
7	.780	4.336	71.246						
8	.706	3.919	75.165						
9	.667	3.704	78.870						
10	.636	3.533	82.402						
11	.529	2.939	85.342						
12	.506	2.811	88.153						
13	.448	2.489	90.641						
14	.408	2.264	92.905						
15	.359	1.994	94.899						
16	.318	1.765	96.665						
17	.311	1.726	98.391						
18	.290	1.609	100.000						

提取方法：主成分分析。

师生角色观维度因子分析碎石图

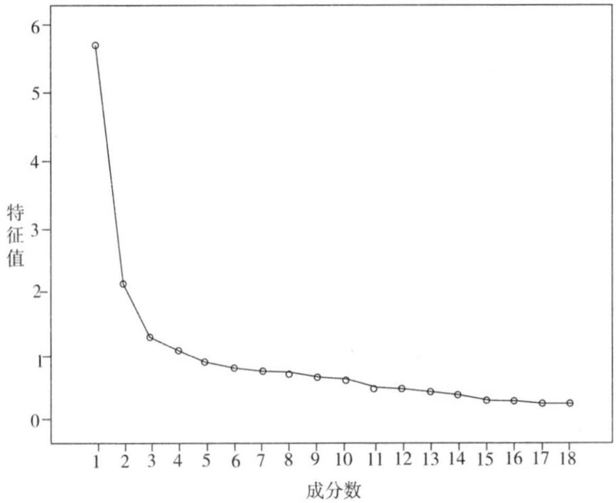

旋转成分矩阵[a]

	成分			
	1	2	3	4
Zscore：71 题	.756			
Zscore：72 题	.749			
Zscore：70 题	.744			
Zscore：73 题	.732			
Zscore：75 题	.717			
Zscore：77 题	.660			
Zscore：76 题	.654			
Zscore：69 题	.621			
Zscore：78 题	.617			
Zscore：74 题	.566	.329		
Zscore：83 题		.826		
Zscore：81 题		.745		
Zscore：84 题	.385	-.444	.355	
Zscore：68 题		.392		
Zscore：82 题 .743				
Zscore：80 题		.394	.729	
Zscore：67 题	.391		.493	
Zscore：79 题	.806			

提取方法：主成分分析法。
旋转法：具有 Kaiser 标准化的正交旋转法。

a. 旋转在 8 次迭代后收敛。

因子分析——教师英语教学专业观分析

KMO 和 Bartlett 的检验

取样足够度的 Kaiser - Meyer - Olkin 度量。		.821
Bartlett 的球形度检验	近似卡方	876.932
	df	6
	Sig.	.000

解释的总方差

成分	初始特征值			提取平方和载入		
	合计	方差的 %	累积 %	合计	方差的 %	累积 %
1	2.919	72.974	72.974	2.919	72.974	72.974
2	.703	17.581	90.555			
3	.264	6.598	97.152			
4	.114	2.848	100.000			

提取方法：主成分分析。

英语教学专业观因子分析碎石图

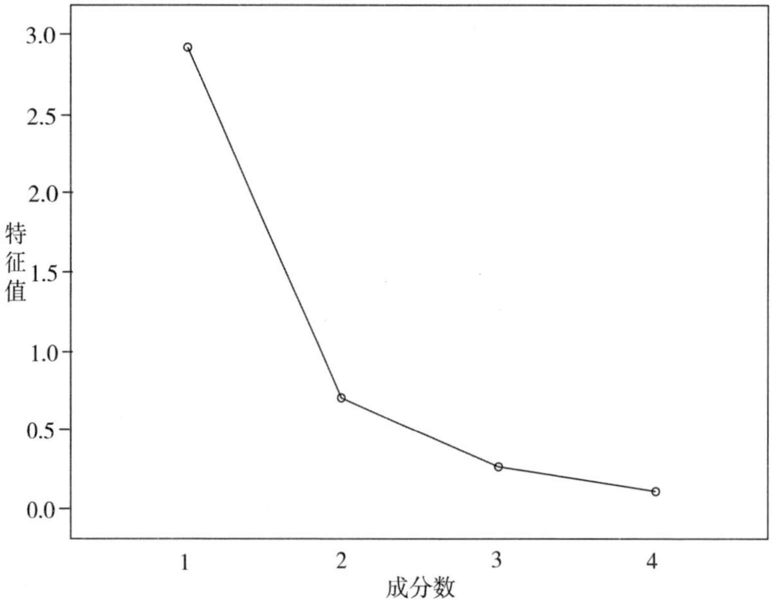

成分矩阵[a]	
	成分
	1
Zscore：87 题	.937
Zscore：86 题	.929
Zscore：85 题	.887
Zscore：88 题	.625
提取方法 ：主成分分析法。	
a. 已提取了 1 个成分。	

附录Ⅳ

英语教师信念访谈结果

1. 对语言的本质，人们有不同的看法，例如工具观、结构系统观、天赋官能观、社会现象观、意义功能观、认知能力观。对于这六种语言观，您最认同的是什么？为什么？

教师A：赞同意义功能观，其次是工具观，对其他的语言观我也不反对。因为意义功能观能够说明语言的发生和发展，以及人们语言学习的动力。

教师B：比较认同结构系统观，其次是工具观和社会现象观，对于意义功能观和认知能力观不熟悉，对于天赋官能观认同程度最低。因为从语言教学来看，能够将语言学习得怎么样最终是由后天决定的，而不是先天。

教师C：虽然其他的在语言学习过程中起作用，但是最认同的还是天赋官能观。因为从语言学习的普遍性来看，如果没有这个天赋的官能，无法解释人们习得语言的普遍性。从教学情况来看，语言学习情况虽然和努力程度有关，但是天赋还是起着非常大的作用。

教师D：比较认同认知能力观，但是并不排斥其他的观点。对部分语言观熟悉些，对另外一些则不甚了解。不同的语言观是从不同的角度考察语言，因为语言最终还是人的一种能力，是其他各方面能力的基础。

教师E：最认同的是工具观，其次是认知能力观。对于这些观点，由于平时听到的、看到的也较多，自然对他们的认同感就稍微强一些。

教师F：难以选择，对这些语言观的内容及区别不熟悉。

教师G：比较认同社会现象观和认知能力观。因为语言是在社会中形成的，人们也是在社会中学会语言的，同时，认知能力是语言习得的一个基本条件。

教师H：比较赞同意义功能观，因为语言作为一种工具，其目的还是要完成一定的社会交际功能。

2. 在语法翻译法及与之关系密切的外语教学的规则目标观、交际教学法及与之关系密切的外语教学功能目标观、听说教学法及与之关系密切的外语教学技能目标观三种教学途径中，您最熟悉的是那一种？使用最多的是那种教学途径？

教师 A：最熟悉的是语言教学的功能观。没有明确的主要使用某种方法的倾向，语法、技能和功能三种教学重点根据课型而不同。

教师 B：听得比较多的是交际教学法，但是我觉得自己用得比较多的应该是传统教学法，语法翻译法，主要还是以老师讲为主，讲完之后再让学生或者做书面练习或者是做少量的口头练习。

教师 C：因为我是教学法方向的，所以对这些方法都很了解。使用最多的方法应该是折中的方法。

教师 D：对三种方法都有了解，都差不多，但是对交际教学的具体操作最不明确。使用多的还是传统的语法翻译法，根据需要有时也会使用另外两种。

教师 E：对我来说三种方法都差不多，都只是了解一点点，不甚熟悉，所以在教学中究竟使用的什么教学方法，可能都使用了，但是自己不甚明确。

教师 F：听得最多的是语言的交际功能，但是实际教学时讲语法规则和词汇知识比较多。

教师 G：了解不同教学法的途径很少。从知识层面讲，在指导教育硕士的过程中，较多地接触到交际教学法，但是否真的最了解交际教学法，自己也不清晰。

教师 H：都有一点了解，但是，又都不专业。大英教学的话，基本上这三种我觉得好像都用到了。为期两年的大学教学当中，在学生大学英语学习刚开始的时候可能对语法规则强调得更多一些，到后面阶段中对语言功能的强调可能就更多一些。

3. 您对外语学习中学生表达准确性的要求怎样，是否容忍学生犯错误？什么样的错误可以容忍或忽略？您认为在以交际能力为培养目标的主流思想中，教师对学生语言准确性要求是否有所降低？

教师 A：我属于对错误容忍度比较低的人，但是这也分不同的课程，以及你对这个要求设置得怎么样。比如说我上综英课的时候，可能我就会比较在意，但如果说是一些小的错误，比如说像说代词不分的错误，我可能会忽略，如果是书面作业，一般有错必纠。

教师 B：我基本上都比较能够容忍学生犯各种类型的错误，但是我不认为这些错误可以忽略。一般会指出一些错误，但不会指出全部错误，因为我觉得在全班学生面前指出他的全部错误比较打击他，尽量不伤害他们的积极性。因为我妈妈也是英语老师，我经常和她交流。我发觉我跟她对学生的语法错误和用途错误容忍程度有很大的区别。跟她相比，我对学生语言正确性的要求是有所减低了。

教师 C：口语表达中，只要学生真正是在练、是在讲，一般犯的错误我是会容忍的。但是，书面语中的错误会纠正，特别是共性的问题会集中在全班讲。

教师 D：我观念上不能容忍学生重复犯错误，但实际上并没有纠正学生的所有错误。也就是说，从观念上，我觉得对准确性要求并没有降低，只是在实际操作上要求有所降低。

教师 E：我对学生的错误是非常宽容的。我尽量让学生用最简单的语言去表达意义，但是，如果他犯了错的话，我不会刻意地去纠正他们。如果是犯同样的错误，我就会纠正。实际上，现在我们在教学中更注重学生的意义表达，对语言的正确性要求在不知不觉中实际上降低了。

教师 F：对书面写作中的错误通常会比口语中的错误要求严格一些。

教师 G：我是属于有语法洁癖的人，很讨厌学生犯很小的错误，包括口语表达当中。虽然我知道有时候应该忽略学生的某些错误，但是我认为在以交际能力为培养目标的主流思想中对语言准确性的要求也不应该降低。

教师 H：如果说学生犯了错，特别是大一的学生，我觉得不是能不能容忍的问题，而是必须得要容忍，因为如果不容忍他的话，那么他可能就再也不会在这个课堂上开口了。只要是他没有严重地影响到他的意思表达，基本上就都忽略过去了，但是，作文中的错误，我觉得就是属于不能容忍的，基本上都要给他们挑出来。

4. 在英语学习中，一般来说输出（例如口语）是否比输入（例如阅读理解）要容易？

教师 A：我觉得口语输出比阅读输入要难。

教师 B：我觉得阅读理解更容易，因为它毕竟是你被动去接受，而口语是要你主动地表达出来，需要你更多的综合各种能力的运用。

教师 C：写作肯定是比阅读难，阅读应该比口语肯定要简单些，听力是一种综合能力，虽然是输入，但是也是比较难的。

教师 D：这个不好判断。

教师 E：我们读书的时候，比较强调阅读，口语是到后来才强调的，所以我觉得还是阅读要容易点。

教师 F：应该有一定量的输入了才有比较好的输出，所以我觉得还是输入容易点。

教师 G：我个人觉得听力难，阅读比写作容易，但是听力比口语难。

教师 H：好像差不多啊。

5. 您自我感觉对于英语学习的重点、（内容和技能的）难易、本质和策略等方面的理解和把握程度如何（高、较高、中等、较低、低）？您对它们的理解和把握来自哪儿（自身英语学习的体会和经验？学生时期老师的强调？学术著作？……）

教师 A：我觉得对本质的理解不是很高，然后其他三个方面好像还可以。过去的老师在学习策略方面有一定的影响，在其他方面影响不多。

教师 B：对英语学习重点的把握应该还是属于较高的。对内容难易程度的把握也应该算高的。对英语学习本质的把握，我觉得还算好。对于策略，这个因为我没有学过那种课，确实不是很清晰，应该属于比较低的。对它们的把握主要来自自己学习英语的体验和经验，来自学术著作的比较少。

教师 C：从整体上来说对重难点的把握应该还是比较高的。对于学习的本质，可能思考得少一点，掌握程度相应地要弱一点。对于策略的认知应该是个中等水平，也不是很高。对它们的把握来自于教学实践，教学和学习实践都有；另外是来自思考。有的问题思考得多一点，有些问题思考得少一点。中学老师比大学老师对我们的影响力大一些，学术著作对我个人影响不大。

教师 D：对本质和策略这方面了解得少一点。过去的老师在策略方面有些影响。

教师 E：我觉得较高。我觉得那个重点、难易还是应该可以区分的。本质，没怎么考虑过。学习策略听说得比较多，但是似乎比较虚，实际把握不多。

教师 G：学习策略掌握程度较高，其他的程度一般吧。对他们的把握应该主要来自自己的教学实践。

教师 H：对英语学习的本质思考和了解得不多，其他几个方面一方面来自自己学习的体会，另一方面来自学生时期老师的强调。自己的教学经验对于语言学习重点和难易的把握帮助不大，中学老师可能因为高考和中考的原因可能把握得更好一些。

6. 在英语学习中是否有必要掌握英语国家的文化，为什么？

教师A：我觉得是很有必要的。虽然我觉得我们自己掌握的都不是很多吧，很零星很零散，一点也不系统，而且很少。

教师B：有必要，因为不掌握这些文化学生可能会遇到一些语法、词汇知识之外的问题，而且不具有这些文化认同理解感，不能真正地融入这个文化，就会缺少学习的动力。

教师C：起码要了解国家文化，有些东西，你不了解的话，理解和表达都会有问题。了解就行，掌握是很难的。

教师D：有必要。

教师E：有必要，特别是对于神话文学作品的阅读理解。

教师F：有必要，这个在文学作品的阅读中体现得更为明显。

教师G：有必要，不然学习各个方面都会产生障碍。

教师H：从语言学习的角度看，虽然有必要，但是简单了解一些最基本的就可以了，因为主要还是学习语言。

7. 有人认为，英语学习其实质是一种技能的学习。它与其他学科的最大区别是：其他学科主要是知识学习，而语言的学习主要是技能学习。您认为对吗？

教师A：在低年级应该是技能学习，但是到高年级时候的语言学和文学等课程的学习就应该是知识学习了。

教师B：我觉得技能也是一种知识的积累，英语学习也是积累听说读写译这些方面的英语知识，它既可以理解为知识也可以理解为技能。理工科的知识，也可以理解为技能，因为那些知识如果一旦运用于实践当中，就成为了技能。

教师C：在我看来应该是一个综合的学习，英语包括知识学习和技能学习。其他学科也是既包括知识，也包括技能的。

教师D：从使用上来看，英语主要是技能，但是这种技能是以知识为基础的。

教师E：可能是因为我们在教学中太强调技能了，而且找工作时也很强调，所以大家一直就把技能当作英语学习的重点，但实际上，技能和知识是不能决然分开的。

教师 F：这个是社会上的一种观点，应该是一种不全面的说法。

教师 G：我觉得英语学习是建立在语法、词汇知识基础上的技能学习。其他学科也会涉及技能学习。

教师 H：虽然不是完全认同，但是对于大学公共英语的学生来说，语言学生主要是技能学习，而不是知识。

8. 您认为教师的角色是单一的还是多重的？您的判断依据是什么？（知识？经验？环境要求？）

教师 A、教师 E：多重的，判断依据主要是经验和环境要求。

教师 C、教师 D：多重的角色，绝对不能单一，判断依据主要是经验和环境要求。

教师 G、教师 H：多重角色，依据经验和环境判断。

教师 B、教师 F：应该是多重。参考的依据应该是自己平时的教学经验。

9. 您认为大学生英语学习成绩好坏的主要责任在于谁？是教师还是学生？为什么？大学阶段的师、生责任分配和中学阶段有不同吗？

教师 A：我的意思是说中学阶段老师的主要责任是如何有效地教授知识，但是，我觉得到了大学阶段，老师就主要是要思考如何引导学生真正地发挥学习的自主性。

教师 B：我觉得在于学生，因为进入大学阶段以后，学习是比较自主的，学生在时间和精力上的自主性决定了老师的责任要小。大、中学老师的责任不同，中学老师有升学的压力，必须给学生安排得更多、更全面，而大学老师会更加有自己的风格，可以给学生提出建议，但是不会强制性要求学生去做。

教师 C：主要责任肯定是学生。因为大学生和中学生不一样，大学生拥有自主学习的能力和独立性，因此大学老师的责任相应要小一些；而中学生处在成长阶段，必须要老师的提醒、指导，因此中学老师的责任要大一些，也多一些。

教师 E：是学生。大学老师的主要责任在于引导学生，而中学老师是直接的知识教授和管理。

教师 F、教师 D：主要责任在于学生。中学阶段由于孩子小，老师的责任更大。到了大学，老师的责任主要是引导学生的学习，特别是在学习方法方面。

教师 G：学习的主要责任在于学生，因为大学生已经是成年人了。大学教师的主要职责，除了教学质量外，很重要的一点是与学生进行交流和沟通。

教师 H：是学生，因为直观地看，一个班上同一个老师同样的教学，教出的学生有好坏之分，那么，最后的责任就应该在学生身上。大、中学老师英语教学的方向不一样。

10. 您认为英语课堂教学中，教师和学生之间应该有主、配角之分吗？应该怎样进行角色分工？教学经验的增长会促使您调整对师、生角色分配的看法吗？

教师 A、教师 H：有角色分配。教学经验的增长对角色分配的看法影响不太明显，因为个人认为角色分配主要受学生的水平、教学目标等很多方面的限制。

教师 B：有主、配角之分，主要根据课型和课程内容分配角色。教学年限的增长能促使我调整角色分配，刚开始当老师的时候自己讲得多一些，后来慢慢让学生参与得多些，最开始的时候可能会更多地由教师占主角，然后慢慢地就会至少要多分一些角色给学生，即便还是教师做主角，这种变化还比较明显.

教师 C：在真正的课堂上，还是老师当主角的为多，因为教学内容的设计、教学节奏等，这些东西都还是由老师决定的。从我个人来讲，师生角色分配的观念从开始从教到现在没有太大的变化，角色的分配主要受学生影响，学生活跃一点的话就给他们更多的自由，死板一点的话老师就占更多的主导地位。

教师 D：有角色分配。你想让学生当主角他们也不肯当，当不上。我觉得从新教师到老教师的变化并不是主、配角分配的比重，而是到成为老教师后会尝试更多的角色分配的可能性。

教师 E：我倒是想让学生当主角，但是我觉得他们现在还没到那个水平。教学经验的增长对角色分配有影响的，刚工作的前一两年的时候，我对师生角色问题的思考没有现在这么多，现在会思考、调整得更多。

教师 F：有角色分配。教学经验的增长对于师生角色分配的意识会有促进作用。

教师 G：有角色分配，主要根据课型和课程教学的不同阶段决定。

11. 您认为英语课堂之中，教师和学生的地位应该怎样安排？是平等还是一高一低？为什么？

教师 A：师生地位和我们的教育传统有关系，这种传统与西方的文化是不一样的。我们从小就受尊师重道的教育，老师和学生的地位是不太可能完全平等的。

教师 B：我觉得总体上来说是平等的。我讲的东西，他们可以提出疑问，可以对我的错误进行纠正。因为不平等的话，学生的主动性就不能完全发挥出来。

教师 C：教师的地位应该比学生高一点，否则，如果老师一点权威性都没有的话，课堂教学也没办法进行下去。再者，如果老师一点心理优势都没有的话，也没办法教学生。课堂教学与平时的交往是不一样的，平时可以平等地以朋友相交。

教师 D：其实我们心里希望平等的交流，但问题是学生做不到。

教师 E：老师比学生的地位高一些不仅显示的是对教师的一种尊重，更重要的是因为学生需要从老师身上获取知识，提供知识的一方地位自然会高一些。

教师 F：我觉得，如果说学生要是能够把我看成和他们平等，而且我也可以这么做的话，我反倒觉得教学的过程会实现得更顺利一些，如果学生个个都像是等着从我这里获取什么东西的话，我就觉得太糟糕了！

教师 G：客观上说肯定不可能是完全平等的，因为当学生需要获取什么东西或者想 follow example 的时候，他就已经把自己摆在比较低的位置。虽然我们老师经常在鼓励他们，但其实还是会有一个传授与被传授之间的关系。虽然如此，但是要尽量显得平等。

教师 H：尽量以平等的方式去鼓励他们学习。

12. 您认为英语教学是一个普通的职业，还是一个对从业的教师有着较高要求的专业？这种要求体现在哪些方面？

教师 A：中国的教师已经开始步入了专业化，但是可能还不像欧美那样的程序化。比如说像我们入职要有入职的标准，然后，定期要考核呀，学生评呀，教师评呀，这些应该都是一些措施。但是可能还不是很系统，比如说我们入职的标准可能说没有很多种，我们只是说师范毕业了，拿到那个资格证书就可以来上了；在西方可能就不一样，它就需要符合更多的条件，比如说你需要先读这个英语专业，然后再读教育专业，然后获得才能获得资格证书，而且他们入职以后几年还有评估，再过几年，再评估。

教师 B：我觉得大学英语的教学是对老师有比较高的要求的专业。从客观方面来看，首先是成为老师的门槛较高，至少要硕士以上或博士，取得这些学位才能够教，这已经是一个客观的标准了。然后，在教学的过程中，他还会要求你首先英语的知识啊，然后语法词汇方面要有比较系统的掌握。除此之外，因为这是进行大学的教学，你还要想办法活跃课堂的气氛，然后满足学生更多方面的知识的要求。它就会要求你在除了英语之外别的方面的知识也要了解一些。

教师 C：想想我们学英语整个过程，经过这么多年的学习和培训，才能当一个英语老师。这个可以说明英语教学的专业性了。这包括两个方面，一个是英语这样的一个知识结构和知识技能；另外，教育本身整个是一个系统，对心理的理解，对教育知识的理解，这些内容本身就要求很多专业方面的培养和素养，我觉得英语教学应该是一个很专业职业。

教师 E：同意大家的意见。

教师 F：应该是一个专业，教师也要专业化。

教师 G、教师 D：高校英语教学肯定应该是有着高要求的专业性活动。

教师 H：是有着高要求和标准的专业。